Johann Gottlieb Hentze

Berneck

Ein historischer Versuch

Johann Gottlieb Hentze

Berneck
Ein historischer Versuch

ISBN/EAN: 9783743615199

Hergestellt in Europa, USA, Kanada, Australien, Japan

Cover: Foto ©ninafisch / pixelio.de

Weitere Bücher finden Sie auf **www.hansebooks.com**

Ruinen,
merkwürdige Gegenden
und
Alterthümer
des
fränkischen Kreises

beschrieben und erläutert

von

einer Gesellschaft von Gelehrten.

Erstes Heft, mit Kupfern.

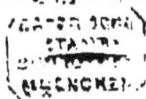

Die Gegend von Berneck,

von

J. G. Henze.

Bayreuth,
bey Johann Andreas Lübecks Erben
1790.

Nach dem Urtheil mehrerer Kenner gehört der Fränkische Kreis mit unter die Gegenden von Deutschland, welche sich durch natürliche und andere Merkwürdigkeiten vorzüglich auszeichnen; die jedoch noch nicht so, wie sie es verdienten, bekannt sind.

Es versprachen daher schon Verschiedene die nähere Bekanntmachung derselben, allein es blieb blos beym Versprechen.

Hieher gehören auch die im vorigen Jahr von der Pfannischen Kunsthandlung zu Anspach auf Subscription angekündigten Prospecte von Fränkischen Gegenden und Schlössern nebst einer kurzen, doch vollständigen Beschreibung derselben, welche aber wohl nie erscheinen werden.

Wir entschlossen uns daher diesen Plan auszuführen, wenn wir anders von dem Publikum hierinn durch eine geneigte Aufnahme unterstützt werden.

Zu diesem Behuf haben wir uns bereits schon die Zeichnungen von den meisten merkwürdigen Gegenden angeschaft, und mehrere in den verschiedenen Theilen des Fränkischen Kreises lebende, größtentheils schon als Schriftsteller bekannte Gelehrte ersucht, uns Abhandlungen dazu zu liefern. Unsere Absicht ist, nicht nur Kunstliebhabern mit einer Sammlung schöner Prospecte ein Gnüge zu leisten; sondern auch vorzüglich diese Gegenden in historischer, geographischer, statistischer, physicalischer, naturhistorischer, metallurgischer ꝛc. Rücksicht bekannt zu machen.

Es werden daher Abhandlungen, welche vorzüglich einen dieser Gegenstände behandeln, theils größere, theils kleinere erscheinen, und dadurch sowohl auf Mannigfaltigkeit, als auch auf das Interesse verschiedener Leser Rücksicht genommen werden.

Um unsere Leser im Voraus mit dem Inhalt der nächsten Hefte bekannt zu machen, so zeigen wir hiermit an, daß wir über das Fichtelgebürg, über Neustadt am Culm, die Eremitage und Fantasie bey Baireuth, Sanspareil oder Zwernitz, das Alexanders Bad bey Eichtsreuth, das Bad bey Burgbernheim, den Culm oder Sophienberg, die Schweizergegend von Muggendorf nebst den Zoollithenhölen, die Weste Nürnberg, die Altenburg und den Seehof bey Bamberg, Rabeneck, Gößmanstein, Scheßlitz ꝛc. die Abhandlungen zum Theil schon in

Hän-

Berneck,

ein

historischer Versuch

von

Johann Gottlieb Henße

Hochfürstlich Brandenburgischen Archiv-Sekretär.

Gegend von Bernek

Bayreuth,
bey Johann Andreas Lübecks Erben
1790.

Vorrede.

Ich glaube, daß es keiner Entschuldigung bedürfe, wenn ich in diesen Bögen über einen von allen vaterländischen Geschichtschreibern übergangenen Punkt, nemlich über die Religion unsrer Voreltern Untersuchungen anstelle, oder die Geschichte alter auffallender Gebäude des Vaterlandes ins Licht zu setzen suche, die man, unwissend daß sie Wohnungen frommer biederer Ritter und herrschaftlicher Amtleute waren, für ehemalige Räuberhölen und Mördergruben hält [a]. —

Weit entfernt, den Fleiß eines Frenzel, welcher von den Gottheiten der Slaven schrieb, zu verkennen, so schien mir doch zu meinem Zweck eine eigne neue Abhanlung über den Donnergott nöthig zu seyn, welche ich hiemit den Kennern zur Prüfung übergebe.

Daß sie diejenige Vollständigkeit, welche diese Materie durch weitere Untersuchungen noch gewinnen muß, nicht erreicht habe, davon bin ich ganz überzeugt; dies aber wird jeder unbefangene Kenner selbst leicht bemerken, daß die Bearbeitung dieses Gegenstandes von der ältern um vieles verschieden sey; daß ich von ganz andern Punkten ausgehe, andre Entdeckungen benutze und nebenher manche neue oder auch noch nicht in Umlauf gebrachte Idee beybringe. Gern hätte ich verschiedenes hieher gehöriges noch weiter ausgeführt; da ich aber eigentlich in Rücksicht auf eine besondre Gegend diese Materie bearbeitete und also nur in den untergesetzten Noten für connexe Punkte Platz war, so konnte ich mich nicht so, wie ich wünschte, ausbreiten. Ich mußte daher manche Resultate, die aus verschiedenen Combinationen der Ideen und aus der Betrachtung des Gegenstandes von mehreren Seiten entstanden, entweder nur kurz andeuten oder wohl ganz übergehen; die ich daher, wenn diese Skizze das Glück haben sollte, von Kennern günstig beurtheilt zu werden, in einer allgemeinen Abhandlung weiter auszuführen, willens bin.

Außer den gewöhnlichen Hülfsmitteln habe ich auch besonders die Sprache zu Hülfe genommen — eine Quelle mancher neuen Aussicht, deren sich ein Leibnitz, Eckhart Schlözer, Fulda, Anton und mehrere mit so gutem Erfolg bedienten; demohngeachtet wird sie noch zu sehr verkannt, und es haftet, nach dem Ausdruck eines der erst angeführten philosophischen Forscher [b] „auf diesem vortrefflichen historischen

„Hülfs-

a 2

---

a) Es ist dies nicht nur gemeine Sage von den Schlössern bey Bernek, sondern auch neuere Schriftsteller selbst behaupten es noch, wie z. B. der sel. Hofkammerrath Lange in seiner Topographie des Fürstenthums Bayreuth ꝛc. Nicht zu gedenken der Schatzgrä-

ber- und Gespenster-Geschichten, die man sich von diesen alten Gebäuden erzählt.

b) Des Herrn Hofraths Schlözer in der allgemeinen Nordischen Geschichte.

„Hülfsmittel noch eine Art von Infamie; doch nur in den Augen derer, die „einer Wissenschaft selbst aufzubürden pflegen, was Privatfehler der Gelehr-„ten sind."

Urkunden sind unstreitig eines der bewährtesten Beweismittel in der Geschichte, und wenn man das Glück hat, bisher noch unbekannte oder unbemuzte aufzufinden, so sind sie der sicherste, leichteste und kürzeste Weg zu einer neuen Entdeckung. Soll aber deswegen der historische Denker seinen Würkungskreis bloß auf Urkunden einschrän-ken? ist da der Weg für die historische Untersuchung versperrt, wo Urkunden und Annalisten aufhören? das heißt, sollen wir die Gegenstände, worüber wir keine Schriftstellen haben, in ihrem Dunkel, worinn sie noch eingehüllt sind, ewig lassen? wenn auch gleich noch ein anderes Mittel übrig ist, durch welches die Nacht des Al-terthums etwas aufgehellet werden kann. —

Nach der sehr richtigen Bemerkung eines unsrer tiefsten Geschichtforscher sind Nomina propria öfters selbst eine kleine Annale; da sich historische Nachrichten so oft durch eigenthümliche Namen verewigen. Es ist zwar leider wahr, daß übel-angewandte Wortforschung die unverzeihlichsten Irrthümer und Fabeln hervorgebracht habe, allein bediente man sich bey Bearbeitung der Geschichte nicht auch sehr oft fal-scher und untergeschobener Urkunden, oder schloß öfters aus ächten Zeugnissen fehl? — soll man denn nun deßwegen auf allen Urkundengebrauch bey Bearbeitung der Ge-schichte Verzicht thun, weil es auch mit unter verdächtige gab, oder von manchen eine unrechte Anwendung gemacht wurde? So auch mit der Wortforschung, soll man, weil viele sich ihrer unrecht bedienten und die Regeln nicht beobachteten, welche diese Wissenschaft fordert, ihren Gebrauch als Hülfsmittel in der Geschichte aufgeben?

Wenn insbesondere die ältern Etymologen den Grund mancher Ortsbenennung aus einer Sprache herholten, die entweder nie oder erst nach der Benennung dieser Orte im Lande geredet wurde; wenn sie teutsche, lateinische und griechische Worte so lange folterten, bis sie gleichsam vor Schmerzen einen Laut, der dem herzuleitenden und aus einer andern Sprache herstammenden Ortsnamen ähnlich war, von sich ga-ben; wenn sie an einen einzelnen Ton sich hiengen, ohne zu untersuchen, ob auch ihr Factum, das sie herausdrüktigten, durch Geschichte, Analogie u. s. w. unterstüzt wer-de; wenn sie auf diese Art oft die abentheuerlichsten Behauptungen und größten Irr-thümer in die Geschichte mit übertrugen, so waren dies freilich Handlungen, wodurch sie wider die gesunde Vernunft, die Grundsätze ächter Wortforschung und wider die Geschichte selbst sündigten. Diese Fehler einzelner Personen aber einer ganzen Wis-senschaft schuld geben und sie deswegen nur verwerfen wollen, wäre meiner Meinung nach, doch etwas intolerant gedacht. —

Doch)

Doch ich kehre zu meiner eignen Bearbeitung zurück.

Ich bemerkte, daß außer andern Gegenständen, von welchen der Mensch seine Ortsbenennungen herholte, auch der Gottesdienst eine vorzügliche Quelle von Namen war. So fand ich, um nur vom christlichen ein Beyspiel zu geben, daß in den hiesigen Gegenden ein Dorf, welches sonst alten Trebgast hieß, von einer dem heiligen Johannes gewidmeten Kirche den Namen Sanct Johannes erhalten hatte, so bemerkte ich, daß der alte Ort Preczendorf von einem in der Folge daselbst gestifteten Nonnenkloster den Namen Himmelskron bekommen hatte; so fand ich die Orte Mariaweyher oder Mariaweih, Vierzehnheiligen, Kirchenleibach, Kirchenlamitz, und auch einzelne Gegenden, als: zum heiligen Kreuz, bey der Marter, hey der Kapelle, beym heiligen Grab ꝛc. aus der Religion benannt. Ich bemerkte in Städten ein Aegydier, Barfüßer, Cartheuser, Elisabetherviertel [c]. Eine Peters, Catharina, Nicolaus, Closterstraße; ein Barfüßer und Thomaspförtchen; eine Nonnen, Barfüßer und Thomasmühle [d], ein Pfaffen und Pfarrgäßgen [e], eine Priestergasse [f] u. f. w. So fand ich insbesondre im Umkreis der Kirchen noch speciellere Benennungen einzelner Plätze.

Durch den Weg der Induction kam ich daher auf den Gedanken, ob die ehemals in unsern Gegenden wohnenden Slawen nicht auch manche Plätze von ihrem Gottesdienst benannt hätten, und ob nicht vielleicht unter den Ortsbenennungen, die der Nachstellung modernisirender und verschönernder Teutscher, der verschiedenen Aussprache und der Länge der Zeit ohngeachtet, noch Spuren Slawischen Ursprungs an sich trügen, ein oder der andere dergleichen Name seyn möchte?

Bey einem Volk, das noch ganz sinnlich ist, das jede ihr unbekannte natürliche Kraft für ein überirdisches Wesen hält, das seine Gottheit in Naturerscheinungen zu finden glaubt, und sich diese immer als gegenwärtig, in einer Gegend bleibend, denkt, müssen noch mehrere Veranlassungen, Plätze davon zu benennen, vorhanden seyn; wozu auch noch dieses kommt, daß es den Sitz der Gottheit und den Ort der Gottesverehrung gewöhnlich nicht mit Wänden einschließt [g], sondern viel größere Plätze, nemlich ganze Wälder, Haine, Gebirge, Ebenen ꝛc. der Gottheit heiligt, und dadurch Gelegenheit bekommt, auch weit größere Distrikte davon zu benennen.

So wie in älteren christlichen Zeiten, außer der Nothwendigkeit, bey den Orten des Gottesdienstes, wohin öfters Fremde wallfahrteten, Plätze zur Unterkunft zu haben,

a 3   bey,

c) In Nürnberg.   d) In Leipzig.
e) In Anspach.   f) In Bayreuth.

g) Man erinnere sich hierbey außer mehrerem Beyspielen der Stelle des Tacitus, wo er von den Teutschen sagt: Ceterum nec cohibere parietibus Deos, neque in vllam humani oris speciem assimilare, ex magnitudine caelestium arbitrantur. Lucos aut nemora consecrant, Deorumque nominibus appellant secretum illud, quod sola reverentia vident.

ben, und auſſer dem Kaufmannsgeiſt, der auf die daſelbſt zuſammenkommende Menge und ihre Bedürfniſſe ſpeculirte, auch der Glaube, daß man unter dem beſondern Schutz eines Heiligen oder wunderthätigen Bildes und daher in der Nähe eines ſol-
chen heiligen Orts beſſer und ſicherer lebe, die Veranlaſſung war, daß viele ſonſt öde Plätze, worauf nur eine einzelne Capelle oder Kirche ſtand, zu Dörfern, ja bisweilen großen Städten wurden; ſo konnte, bey der Vorausſetzung, daß ſich der Menſch unter ähnlichen Verhältniſſen in den Hauptzügen und Haupthandlungen immer gleich bleibt, auch mancher Ort, wo die Gottheit verehrt wurde, von ihr und ihren Eigenſchaften oder von andern gottesdienſtlichen Gegenſtänden den Namen erhalten; und auſſer andern Umſtänden der Zulauf von Pilgern aus der Ferne, oder auch die etwas entlegen wohnenden eingepfarrten ſelbſt, wenn er noch nicht angebaut war, zu Bebauung deſſelben Veranlaſſung werden.

Ich gieng nun die Götterreihe der Slaven durch und fand in dem Perun, Pern, Occopirn eine vorzügliche Gottheit derſelben — und in meinem Vaterland einen Ort, deſſen Name dieſem ähnlich war, welchen ich mir nicht aus der teutſchen Sprache erklären konnte. Wäre ich hiebey ſtehen geblieben und hätte nun ohne weitere Unterſuchungen zuverſichtlich behauptet, dieſer Name ſtamme von der erſterwähnten Gottheit her, ſo würde ich in den nemlichen Fehler der älteren Etymologen verfallen ſeyn. — Es war dies bloße Vermuthung, die nichts als nur entfernte Namensähnlichkeit für ſich hatte. Ich gieng daher weiter und ſuchte nach beſtimmteren Anzeigen.

In der Nähe dieſes Orts bemerkte ich Namen von theils angebauten theils öden Plätzen und Feldgegenden, welche wenigſtens in der erſten Sylbe rein Slawiſch waren. So ſtieß mir Nimles, Kremitz, Schorgaſt, Horbreuth auf, welche Worte auf den Blitz und das Feuer ſich bezogen, ich bemerkte ferner in eben dieſem Diſtrikt den Köbler, Micheldorf, die Oſchleiten, Schwbrz, die Kartſchenreuth, den Bogersweg; Worte, die auf Benennungen aus dem Slawiſchen Gottesdienſt Bezug hatten; ſodann teutſche Worte als Gottendorf, den Herrgottesgraben, die Haynleiten, welche ebenfalls etwas ähnliches andeuteten. Allein dies war noch nicht genug, es konnten dieſe Benennungen nur durch Zufall in jener Gegend zuſammengekommen ſeyn, — ich ſuchte daher weiter, ob nicht in der Nähe anderer Orte, die das Wort Bern in der Vorderſylbe enthielten, eben ſolche Benennungen anzutreffen wären. Ich kam auf Bernſtein, ebenfalls einen Ort im Fürſtenthum Bayreuth, und hier fand ich mehrere davon, in Reimles, Schwarzenbach, Gottmannsberg, den Götzengrund ꝛc. wieder. Nun verlohr ſich allmählig der Gedanke an einen Zufall; ich forſchte weiter, ſowohl

wohl bey noch einigen dergleichen Orten meines Vaterlandes, als auch der übrigen Fränkischen Kreislande, ingleichen in andern Ländern, wo ehemals Slawen wohnten. Und ohnerachtet mir hier die Saal-Urbarbücher und andre nähere Anzeigen fehlten, so fand ich mittelst guter Specialkarten immer in der Nähe solcher Orte bisweilen mehrere bisweilen weniger Ortsbenennungen, die entweder dem Wort oder dem Verstand nach mit obigen übereinkamen *). Diese Wahrnehmung führte mich immer mehr vom Zufall ab, und veranlaßte mich daher, sie meiner Abhandlung über Berneck einzuschalten.

Nun überlasse ich es der Prüfung und den weiteren Untersuchungen des unbefangenen Kenners, ob meine Folgerungen gegründet seyen, oder ob sie unter die Zahl der kühnen, durch nichts unterstützten Muthmassungen gehören. Da es mir bloß um Wahrheit zu thun ist, so wird mir nicht nur jeder Wink und jede Belehrung die auf eine nähere Spur führt und diesen Satz bestätigt, sondern auch selbst die Widerlegung desselben willkommen seyn. Sollte aber das letztere nicht geschehen, so habe ich immer Gründe genug bey dieser Meynung, welche ich indessen niemand aufdringe, zu verbleiben, wenn auch gleich manches bloße Credat Iudaeus Apella, non EGO — sonderlich von Nichtkennern, oder solchen Sceptikern, welche entweder aus einer Unfähigkeit Gründe einzusehen, oder weil es die Mode mit sich bringt, oder auch, weil sie wähnen, man gelte sogleich für einen einsichtsvollen Kenner und competenten Richter, wenn man eine Sache, die man nicht beurtheilen kann, bezweifelt — darüber ausgesprochen werden sollte. Nun noch einige Anmerkungen für andre, welche diesen Weg vielleicht in Zukunft betreten möchten. Das Wort Bern kann nur in solchen Ländern, wo ehemals Slawen wohnten und die den Donnergott unter diesem Namen verehrten, davon abgeleitet werden, wenn man z. B. den Namen von Bern in der Schweiz, von Bernet in England u. s. w. in dieser Bedeutung suchen wollte, so würde man vielleicht fehl schließen. Auch in den Ländern, wo sonst Slawen wohnten, kann dieses Wort noch eine andre Bedeutung haben; wenn man daher nicht mehrere Spuren hat, welche dieser Vermuthung zu Hülfe kommen, so ist aus diesem einzigen Laut noch kein Schluß zu machen. Eben so mit dem Wort Schwürz, Schwarzach, Schwerzach, welches eine ehemalige bloße Viehweide, einen Ort worauf Tannen stehen 2c. bedeuten kann, oder auch von dem teutschen Wort, schwarz, den Namen erhalten konnte, welches letztere auch insbesondre von dem Wort Micheldorf gilt.

Einzelne Namen also, ohne Verbindung mehrerer, welche auf eine und die nemliche Idee führen, und ohne andere bestimmte Anzeigen, machen noch keinen Beweis aus,

---

*) In der oben erwähnten allgemeinern Abhandlung werde ich alle diese Gegenden, wovon ich hier nur einige beygebracht habe, aufführen.

aus. So könnte ich noch mehr dergleichen Regeln beybringen, da sich aber jeder denkende Kopf solche selbst leicht machen wird, so komme ich zu meiner übrigen Bearbeitung. Mein Plan bey der ganzen Abhandlung über Berneck, war — keine Chronik zu liefern, man weiß wie wenig Interesse die gewöhnlichen Chroniken, sonderlich kleiner Orte, für den Leser, der sich ausserhalb derselben befindet, haben. Um sie daher für andre auch lesbar zu machen, so suchte ich allgemeine, größtentheils nicht gehörig ins Licht gesetzte Punkte der vaterländischen Geschichte in besonderer Rücksicht auf diesen Ort auszuführen, und nur solche Schicksale der Gegend auszuheben, die sich an die allgemeine Landesgeschichte anreihen; Begebenheiten, an welchen nicht nur der Leser aus dieser Gegend selbst, sondern auch der in dem übrigen Theil des Vaterlandes Antheil nimmt.

Daß ich im dritten Abschnitt allgemeine Bemerkungen über die hiesigen Slawen mit einigen sie betreffenden Beweisstellen beybrachte, wird Kennern der hiesigen Landesgeschichte, welche wissen, daß dieser Punkt noch nicht ganz in Umlauf gebracht ist, nicht auffallen. Man kann noch immer nicht die alten Teutschen vergessen, weil es würklich bisweilen schwer hält, eine Meinung, mit welcher man alt geworden ist, zu verlassen und sich aus seinem einmal angenommenen System wieder herauszustudieren. Aus diesem Grund kann ich mir es auch nur erklären, warum manche sonst einsichtsvolle Männer, nach den in meinem Versuch über die ältere Geschichte des Fränkischen Kreises beygebrachten Urkundenbeweisen, an dem ehemaligen Daseyn der Slawen und ihrer allgemeinen Verbreitung in den Gegenden des heutigen Fürstenthums Bayreuth noch zweifeln können.

Bey der mittleren Geschichte benutzte ich manche entweder vergessene oder noch nicht bekannte Urkunde; und was den Anhang betrifft, so sind zwar verschiedene von den Beylagen schon durch den seel. Longol bekannt gemacht worden, da ich aber Gelegenheit und Erlaubniß hatte, solche von den im Plassenburgischen geheimen Archiv befindlichen Originalien selbst zu nehmen, und sie als Beweisthümer eigentlich zu dieser Abhandlung gehören, so wird der Abdruck nach der Urschrift, diplomatischen Lesern hoffentlich nicht unangenehm seyn. Uebrigens hätte ich gewünscht eine Beschreibung und Statistik des Amts Berneck, wozu ich bereits die mehresten Materialien gesammlet hatte, beyfügen zu können, da mir aber verschiedene dazwischen gekommene andre Arbeiten alle meine Nebenstunden raubten, so mußte ich, da der Herr Verleger das erste Heft dieser Sammlung noch auf die Ostermesse bringen wollte, darauf Verzicht thun. Bayreuth, den 8ten April 1790.

Ueber-

Uebersicht.

I.

Beschreibung der Gegend.

Das große Thal vor Berneck. — Der Perlenbach. — Die sieben Berge und sieben Bäche bey Berneck. — Der Schloßberg.

II.

Ueber den Namen Berneck.

Dieser Ort hat wahrscheinlich von einer ehedem in dieser Gegend verehrten heidnischen Gottheit seine Benennung erhalten. — Allgemeine Bemerkungen über die erste Erkenntnißquelle eines höhern Wesens. — Ueber den Donnergott der alten Teutschen und Slaven, vorzüglich der alten Russen, Preußen, Lithauer, Lieflänker, Mähren, Dalmatier. — Anwendung der Säße vom Donnergott auf die Gegend von Berneck und einiger anderer des Fränkischen Kreises, wo ehedin Slaven wohnten.

III.

Geschichte der Gegend und des Amts Berneck.

Allgemeine Bemerkungen über die Sitten, Beschäftigung, Regierungsform und Belehrung unsrer heidnischen Voreltern in besonderer Rücksicht auf diese Gegend. — Berneck kommt schon als ein beträchtliches Amt von den Grafen von Orlamünde an die Burggrafen von Nürnberg. — Es wird nebst mehreren Aemtern ein Theil eines besondern Landes. — Schicksale dieser Gegend. —

IIII.

Ruinen bei Berneck

Drey kleine Stunden von Bayreuth, an der Landstrasse nach Sachsen, eröfnet sich eine Gegend, die durch eine Menge äufferst überraschender und nicht gemeiner Natur-Schönheiten jeden Vorüberreisenden fesselt; eine Landschaft, die auch demjenigen, der nicht wüßte, daß er am Fuß des weitbekannten Fichtelbergs wäre, schon durch ihr auszeichnendes, die Nähe eines großen Gebirgs verkündigen würde.

Wenn man eine zeitlang angenehme und fruchtbare Ebenen, die ein Halbzirkel von angebauten und allmählig in die Höhe sich ziehenden Bergen umgiebt, durchwallt hat *); so endigt

*) Vom Brandt Berg an, bis über Neudorf hinaus, ist die Aussicht in das Thal überaus reizend. Man sieht rechts Kremmersdorf, Göldkreuth, Reisen, Gesees, Cottersreuth ꝛc. und linker Hand, Himmelkron, Lanzendorf,

X

endigt sich plötzlich die Aussicht. — Hart am Weg steigt ein ungemein hoher, mit Büschen bewachsener Berg, steil empor, — und führt endlich durch ein kleines und gekrümmtes Thal, das er mit einem gegenüberstehenden bildet, zur Hauptscene.

Grausende, den Hereinsturz drohende Felsenstücke hängen hier an den schroffen Abhängen in wundersamen Gruppen herunter, verursachen dem Wanderer über die Gefahr der darunter liegenden friedlichen Hütten und ihrer unbesorgt lebenden Bewohner, Staunen; — geben aber der ganzen Gegend so viel Interesse, daß er, wenn er anders für dergleichen Schönheiten Sinn und Gefühl hat, über diesen Naturzauber, Gefahr, Anwohner und Hütte vergißt.

Hier im Vorgrund dieser schauerlich schönen Gegend, wußte die so mannigfaltig würkende Natur, mit Meisterstücken wilder Schönheit, auch sanftere Scenen zu vereinen. Ein friedlicher, stiller Bach, der Aufenthaltsort vieler Forellen und an orientalische Güte gränzender Perlenmuscheln [b]), zieht sich in mehreren kleinen Armen silbern dahin, und durchschlängelt im Schatten grünender Erlen, eine kleine, blumenreiche Flur.

Aber weiterhin wird die Gegend immer wilder, jäh empor steigende, theils mit Graus, theils mit dunkeln Wäldern bedeckte Berge, jeder abgesondert durch enge Thäler, und eben so viel kleine Bäche [c]), umgürten zu beiden Seiten die Landschaft. — Und als Hintergrund des Gemäldes fürchterlicher und doch schöner Natur, zieht sich zwischen beiden Anhöhen ein abgesondert stehender, länglichter Felsenberg, beynah' bogenförmig herein; an dessen einer Seite, die von höhern Gegenden herabströmende Oelschnitz, und an der andern, die Knoden über Felsenstücke sich reissend, mit Schäumen ins Thal stürzt.

dorf, Obstreuteuth, Eremitz, Blumenau und den Kirchhof in einer entzückenden Gegend. Die Cronach und der Mayn laufen in schlangenförmigen Krümmungen durch diesen angenehmen Wiesgrund, den ein Bogen von hohen Bergen, welche bis zu einer beträchtlichen Anhöhe mit Getraidfeldern, und ganz oben mit dunkeln Wäldern bedeckt sind, einschließt.

b) Die Oelschnitz, welche bey Berneck in den weissen Mayn stürzt, ist der eigentliche Perlenbach, man findet aber auch im weissen Mayn selbst, bis weit über Himmelkron und Walzendorf hinunter, noch Perlenmuschein in überaus grosser Menge. Ein besonders angestellter herrschaftlicher Perlensucher besieht jährlich diesen District, und es werden hier aus den Bächen bey Reben und Kirchenlamitz, ein Jahr in das andere gerechnet, gegen sechzig Stück grosse und mittelmäßige Perlen, die vollkommen zeitig sind, gefunden und ein-

geliefert. Eine ausführliche Nachricht von diesen Perlenbächen findet man in des Herrn Hofraths Meusel historischer Litteratur für das Jahr 1783 II. Band S. 271 und 356.

c) Man zählt bey Berneck sieben Bäche und eben so viel Berge, welche diesen Ort einschliessen. Es sind dieses 1) der Mayn, welcher zwischen dem Galgenberg und der Eisenleiten hereinfließt; 2) das Bernreuther Wasser zwischen der Eisenleiten und der Bobleiten; 3) das Heinersreuther Bächlein zwischen der Bobleiten und den Mühlleiten; 4) der grössere Heinersreuther Bach, welcher hinter den Mühlleiten in die Oelschnitz fällt; 5) die Oelschnitz zwischen der Mühlleiten und dem Schloßberg; 6) die Knoden zwischen dem Schloßberg und der Kirchleiten; 7) das Kimmleser Wasser zwischen der Kirchleiten und der Zottaschen.

Da, wo sich dieser sonderbare Felsenberg allmälig gegen das Thal senkt, erblickt man alte Thürme und Schlösser, — Gebäude, deren kühne Bauart in ihren vorhandenen Trümmern nicht wenig Bewunderung erwecket; und unterhalb dieser, ganz im Kessel von Bergen, ein kleines, aber doch gesundes und nahrhaftes Städtchen, dem die Vorwelt den Namen Berneck gab.

II.

Ueber den Namen Berneck.

Da alles in der Welt seinen guten Grund hat; so muß doch auch zur Benennung dieses Ortes eine Ursache vorhanden gewesen seyn; — ein Grund, warum man Berneck gerade B.r neck, und nicht Bayreuth, Culmbach oder Cronach nannte. Mir scheint es daher doch wohl der Mühe werth zu seyn, zu versuchen, ob man nicht in die Umstände eindringen könne, welche zum Namen dieses Ortes die Veranlassung gaben, weil sich vielleicht dadurch manche, entweder ganz unbekannte, oder noch nicht hinlänglich geprüfte Wahrheiten, näher entwickeln möchten. — Aber oft ist es schwer, die Ursache der Benennung einer Gegend aufzufinden, der Pfad der Wortforschung ist öfters auch der Pfad der Täuschung, wenn man ihn nicht mit aller nur möglichen Vorsicht betritt; und nicht selten verirrte sich schon der unbehutsame Etymolog in die höheren Regionen der Luft, und in das Gebiet des Windbeherrschers Aeolus. — So gieng es auch hier. Sicher verirrte sich der eheliche Mann, welcher im Namen Berneck eine Ecke, wo sonst vorzüglich schöne Beere zu pflücken waren, also ein Beerenecke entdeckt zu haben glaubte; aber sich doch bey weitem nicht so sehr in die Lüfte verstieg, als jener, der Berneck für eine ehemalige Bärenhecke ansah, und im Schweiß seines Angesichts, glücklich den Ort ausgespäht zu haben wähnte, wo einst die alten Bärenmütter ihre noch unförmlichen Jungen zu einer schönen und wohlgestalten Posterität umgeleckt hatten [d].

Beide Etymologisten blieben den Beweis ihrer Angabe schuldig; — ob dies bey mir auch der Fall sey, wenn ich eine von jenen ganz verschiedene Ableitung aufstelle, und behaupte, daß der Name Berneck auf die ehemalige Verehrung eines heidnischen Gottes daselbst, Bezug habe, muß ich Kennern und der Beurtheilung der Nachwelt überlassen. Man erlaube mir aber vorher die Beschreibung noch einiger Plätze und Gegenden in der Nähe dieses Ortes; dann einige Thatsachen aus der Geschichte, als die Vordersätze meiner Behauptung.

A 2

Dem

---

[d] Bey der Herleitung des Worts Berneck von einer Bärenhecke bedachte man vermuthlich nicht, daß die Bären nicht nisteten, wie die Heischern, oder eine Hecke bauten, wie die Canarienvögel in unsern Zimmern. Ein in Berneck angehauener Bär macht noch lange nicht den Beweis davon aus, da es bekannt ist, daß die Städtewappen erst in spätern Zeiten entstanden sind; übrigens wird Berneck in alten Urkunden nie Bärenheck oder Berneck, sondern immer Verneck und Berneck geschrieben gefunden.

Dem Berg, worauf die alten Schlösser stehen, gegenüber, an der Nordseite, erhebt sich in mehreren Abfätzen ein viel höherer Berg; dessen vorderer Fuß, welcher äußerst steil, und großentheils mit Laubholz bewachsen ist, die Kirchleiten, der hintere aber, der von der nemlichen Beschaffenheit ist, die Oschleiten heißt *). Wenn diese beiden Abhänge eine ziemliche Höhe erreicht haben, so verliehrt sich allmählig die Steile, und der Berg fängt an, durch eine große Strecke fruchtreicher Felder, sich nur nach und nach bis zu seinem höchsten Gipfel zu ziehen. Hier bildet sich dann ein kleines Thal, oder vielmehr ein Abfatz, in welchem folgende bebaute Plätze, in ganz geringen Entfernungen von einander, anzutreffen sind. Nemlich

Michelborf, ein Dörfchen von sieben Häusern;

Rimles, ein bebauter Platz von drey Häusern;

Gobendorf, allwo sich vier Haushalten befinden, und

Röstler oder Röslar, ein Platz von zwey Häusern.

Zwischen diesen vier Ortschaften, die beynahe nach allen vier Weltgegenden zu liegen, erhebt sich der höchste Gebürgsrücken, welcher ebenfalls der Röstler heißt, und den zwey erstgenannten, nahe daran liegenden Bauernhöfen, den Namen gab.

Diese Anhöhe, die für einen neuen Berg, auf einem an sich schon überaus großen und hohen Berg gelten kann, ist oben in einem ziemlichen Umkreis ganz eben; und hier eröffnet sich eine aufserordentlich weite und überraschende Aussicht. Gegen Morgen sieht man gerade vor sich das große Fichtelgebirge, und die zwey höchsten Felsenspitzen desselben, nemlich den Schneeberg und Ochsenkopf, weiter hin, die Zeller Berge und die waldigten Gegenden von Sparneck und Münchberg; gegen Abend überschaut man die Anhöhen von Culmbach, Thurnau, Casendorf und das Bambergische Gebürg ¹). Gegen Mitternacht beschränkt sich die Aussicht durch die fernen Gegenden von Schauenstein, Helmbrechts, Schwarzenbach am Wald und Bernstein, und endlich gegen Mittag sieht man über die Anhöhen von Weidenberg, Creußen und

*) Im Landbuch über das Amt Berneck vom Jahr 1536, imgleichen in einem gegen das Ende des neunlichen Jahrhunderts verfertigten Waldverzeichniß finde ich sie noch unter dem Namen der Eschleyren am Sommerrangen, welche aber nicht mit der Zotatzken zu verwechseln ist, da solche jedesmal besonders beschrieben wird. Das leztemal finde ich sie im Vermarkungsprotokoll des Etablbezirks von Bernck vom J. 1674, aber unter einem etwas veränderten Namen, nemlich der Aschleiten, Heut zu Tage ist diese Benennung gar nicht mehr üblich, denn man nennt die Seite dieses Berges just die Knobern, von dem vorherfliefenden Knoben-

bach. Uebrigens muß ich noch bemerken, daß der dießige Landmann die Abhänge der Berge gemeiniglich Leiten nenne.

¹) Nach der Versicherung mehrerer in der Gegend bekannten Personen, soll man bey heiterm Wetter mit einem Fernrohr die Gleichberge vor Römhild entdecken können. Da ich aber in der dortigen Gegend nicht bekannt bin, so will ich es nicht für gewiß behaupten; wobey ich noch anmerken muß, daß oben nur von Gegenden die Rede sey, und nicht von den Orten selbst, welche größtentheils in tiefen Thälern liegen.

und Pegnitz hinweg, ins Nürnbergische Gebiet. Gerade unter sich, erblickt man düstre Wäl-der, dann ganz in der Tiefe, den Mayn in krummen Bögen dahinströmen, mit einem weiten grünen Anger an seinen Ufern. Ein buntes Gemische von Bäumen, Fluren, Dörfern, Stauden, Wäldern und Saaten erhebt sich über das andere, bis endlich immer höhere Berg-ketten in blauer Ferne den Gesichtskreiß schließen.

Ungerne verläßt man diese herzerhebende Aussicht, und verfolgt einen Weg, der sich auf der andern Seite durch die Haynleiten, einen kleinen Wald, allmälig hinabziehr. Am Fuß des Berges eröffnet sich ein angenehmes und fruchtbares Thal, welches gegen das Kloster Himmelkron zu, nach Trebgast und noch weiter hinunter, in den schönsten Fluren fortläuft. Da, wo sich der Abhang des Berges nach und nach ins Thal verliehrt, liegt das Haynbüchig, ein Platz auf welchem einige zerstreut liegende Häuser stehen; weiter unten fließt ein kleiner Bach, der Reichestaller Bach genannt; an diesem liegt in einer mahle-rischen Gegend eine Mühle, und gleich dabey der Schwörzhof.

Von dieser Beschreibung gehe ich zu folgenden historischen Sätzen über:

Die mehresten alten Völker, vorzüglich die vom Kaukasischen Stamm, glaubten, daß der Blitz und Donner unmittelbar von der Gottheit herrühre. Bey dem großen Licht, wel-ches unsre Naturforscher über das Entstehen der Gewitter verbreitet haben, hegen in unsern Tagen, noch sehr viele aus der untersten Volksklasse, die nemliche Meinung; um so weniger darf es uns daher wundern, wenn Völkerschaften, die noch auf einer niedern Stuffe der Cul-tur und des Nachdenkens standen, dieses glauben konnten.

Wenn man übrigens annimmt, daß in den Zeiten, als die Menschheit noch in der Wiege lag, diese fürchterlichen Naturbegebenheiten eben so häufig wie jetzt, sich ereigneten, so entsteht die Vermuthung, ob sie nicht zum Begriff von einem höhern Wesen, der sich all-mählig erst ausbildete, die erste Veranlassung gaben. Der Mensch mußte schon in seinem rohsten Zustand durch ein nahes Donnerwetter äußerst gerührt werden; und wenn auch gleich die Sonne ebenfalls schon einigen Eindruck auf ihn machte, der nach und nach auf den Be-griff von einem guten und wohlthätigen höheren Wesen leitete; so mußte doch immer der Gedanke von einem Wesen, welches schreckliche Wirkungen hervorbringt, bey ihm am lebhaf-testen und stärksten seyn, weil der Blitz und Donner ihm Bangigkeit und Furcht einjagte, und seine Sinnen viel gewaltiger erschütterte, als die übrigen Naturerscheinungen, welche größten-theils nur eine gewisse Behaglichkeit oder Abscheu, und höchstens Staunen bey ihm erregten. Wozu auch noch dieses kommt, daß er durch ihr beständiges oder viel öfteres Daseyn sich mehr an diese gewöhnte, und sie daher das Auffallende für ihn verloren; theils auch ihre Ver-götterung, schon mehr sanftes Gefühl, oder auch Kenntniß der Natur, das heißt Begriffe

A 3   von

von Ursache und Würkung voraussezt, die der Mensch in diesem Stande nicht hat, sondern beide für zwey gleichzeitige, aber von einander unabhängige Dinge ansieht.

Dieser Saz gründet sich nicht nur auf Schlüsse, die aus der Natur des Menschen genommen sind, sondern auch auf die Erfahrung; da wir aus der Geschichte wissen, daß fast alle alte Völker, zum Beweis, daß sie ihre Religion aus einer Quelle, nemlich aus der Natur schöpften, den Donnergott als die höchste Gottheit anbeteten, oder welches eins ist, das Donnern und Blizen für eine vorzügliche Eigenschaft des höchsten Wesens hielten, und es davon benannten.

Unter diese gehören auch unsre Voreltern, die alten Teutschen und Slawen, die wahrscheinlich in den frühsten Zeiten, als sie noch einen Stamm ausmachten, diese Gottheit schon kannten. Die erstern verehrten nemlich den donnernden Gott unter dem Namen Thor [a], und die leztern unter dem Namen Perun oder Perkun [b]. Procop, ein alter, glaubwür-

diger

a) Unter dem Namen Thor verehrten ihn vorzüglich die alten Scandinavier, welche nach des Herrn Hofraths Schlözers Untersuchungen (Nordische Geschichte S. 337) ebenfalls Germanier waren. Adam. Bremensis sagt insbesondere von den Sueonen: Nobilissimum illa gens templum habet, quod Vbsola dicitur non longe a Sictona ciuitate vel Birka. In hoc templo potentissimus eorum Deus Thor veneratur, qui praesidet in aëre, qui tonitrus et fulmina, ventos imbresque, serena et fruges gubernat. In dem eigentlichen Teutschland bezeichnete man diese Gottheit mit dem Namen Thunaer-Gott, wie wohl er auch noch unter andern Namen verehrt worden seyn konnte. Es erhellet dieses vorzüglich aus einem schäzbaren Denkmal alter teutscher Sprache, nemlich aus der in der Mitte des achten Jahrhunderts entworfenen Formel, nach welcher die noch größtentheils unbelehrten Ostfranken, Thüringer, Hessen und Sachsen des Heidenthums abschwören sollten: auf die Frage:

Forsachis tu Diabolae, end allum Diabol Gelde, end Wercum?

b. l.

Entsagest du dem Teufel, und aller teuflischen Gilde (Gesellschaft) und den Werken desselben?

mußte der Neubelehrte antworten:

Ec forsacho allum Diaboles Wercum end Wordum, thunaerende Woden, end Saxnote, end allum them unholdum, the hira genotas sint

b. l.

Und ich entsage allen Werken und Worten des Teufels, dem donnernden Gott und dem Sachsen Gott und allen den Unholden, die ihre Genossen sind. (Daß ich diese Stelle anders übersetze als gewöhnlich, dazu bewegt mich vorzüglich der Codex Palatinus, denn in diesem heißt es nicht Thunaer ende Woden, sondern thunaerende Woden.) Auch zerstörte bekanntlich der heilige Bonifaz die Donnereiche des Geismar; und die Benennung eines Wochentags, nemlich des Donnerstages, zeigt, daß der Donnergott bey unsern Voreltern keine so unbedeutende Gottheit gewesen sey. Ob übrigens der Pustrich, welcher zu Scudritshausen verwahrt wird, die Abbildung eines solchen Donnergottes sey, will ich nicht für gewiß behaupten, die Eigenschaften dieser Figur lassen es aber vermuthen. Tacitus erwähnt schon in seinem bekannten Buch, daß die Teutschen das Feuer göttlich verehrten, welcher Ausdruck vielleicht auch hierauf einen Bezug haben kann.

b) Dieser Name kommt von dem Wort schlagen her. Peru heißt im Böhmischen ich schlage. Perun einer der darein schlägt, im Krainischen perahem schlagen, im Laufizischen prati schlagen, prani der Schlag. Dieses Wort findet man daher auch in allen slawischen Dialekten als Ausdruck des Blizes und Donners; so heißt zum Beyspiel im Polnischen pierun blizen Piorun der Donner, parno schwül, im Littauischen Percunos, im Preussischen Perkuno, im Laufizer Dialekt Peron oder

Pron

tiger Schriftsteller, berichtet uns insbesondre von den Slawen und Anten, daß sie den Ur-
heber des Blitzes für den einzigen Gott und alleinigen Herrn der Welt erkenneten ¹); — und
würklich bestätigt sich auch diese Auſſage durch die Spuren der ehemaligen Verehrung dieſes
Gottes, die wir beynahe in allen Ländern, wo ehemals Slawen wohnten, antreffen. Wir
finden ſie nemlich bey den alten Ruſſen ᵏ), Preuſſen ˡ), Lithauern, Liefländern,
Samogiten ᵐ) Mähren ⁿ) Dalmatiern ⁰), und andern Völkerſchaften dieſes
Stamms ᵖ).

Auch

Froh der Donner, Auch in andern ſlawiſchen Sprachen, im Agarräus ᴢⁱᵉ der Gelehrte, im Jupiter ſo-
cretius der Römer, (deſſen Namen Plutarch in Romul.
von ſoʳⁱⁿᵈⁿ herleitet,) findet man dieſes Wort in glei-
cher Bedeutung. In der alten teutſchen Sprache ließ
deraen nicht nur brennen, (S. Fulbas germaniſche
Stammwörter S. 304 und 427) ſondern auch deren
und deren vorzüglich ſchlagern, daher dreeſten ſchärtigen,
Berchtwibung das Gericht; wie dieſes Schorn und Ober-
lin im Gloſſario Germ. modn nevi mit mehreren Bey-
ſpielen erwieſen haben, vielleicht ſteht auch das Wort
Berner oberſtprieſter und das Wort Berna Steuer, mit
jenen Worten in Verbindung. —
i) De bello Giothico, L. III. c. 14. —
k) Der ruſſiſche Großfürſt Oleg beſchwur im Jahr
907 bey der Bildſäule des Perunes den Frieden mit den
Griechen (Neſtor S. 60). Ein gleiches that Igor im
Jahr 944 (Eben daſelbſt S. 76). Wladimir baute
ihm zu Kiew und Nowgorod im Jahr 978 zwey vorzügliche Tempel. (Anhang zur deutſchen Ausgabe des
Neſtors S. 167). Diugoß in Hiſt. Pol. II. p. 104
ſagt, er ſey als der oberſte Gott in Rußland verehrt worden, und Nies. Guagninus (Sarmat. Europ. S. 12)
bemerkt, er ſey mit dem Blitz in der Hand abgebildet.
geweſen, und man habe ihm ein heiliges Feuer unterhalten, welches die Prieſter bey Todesſtrafe nicht ausgehen laſſen durften.
l) Er wurde bey dieſem Volk, welches man als einen
Lettiſchen Stamm, zu den Halbſlawen rechnet, unter
dem Namen Perkun und Porkunus angebetet, und ein
ewiges Feuer von Eichenholz brannte auf ſeinen Altären, Hartknoch diſſ. de reb. Pruſſicis diſſ. VII. de
Porcuno. Vor einigen Jahren fand man würklich unter
den Hellmiſchen Alterthümern auch ſeine aus Erz gegoſ-
ſene Bildſäule; auf ſeinem Rock ſtand ein preuſſiſches
Gebet geſtochen, woraus man erſah man und einer Auf-
ſchrift, daß er von Roman aus Preuſſen ſey, S.
Maſch. gottesdienſtliche Alterthümer der Obotriten.

m) A. Guagninus ſagt, a. a. O. p. 52. wenn ſie
die Sonne unter Wolken verborgen habe, ſo hätten die
Litthauer und Samogiten geglaubt, der Perkun zürne;
und L. Laſicius de Diis Samogitarum erzählt S. 300
folgende, noch lange üblichen Gebrauch des Litthauiſchen
Landmanns, daß er bey Annäherung eines Donnerwet-
ters ein Stück geräuchertes Fleiſch mit entblößtem
Haupt in ſeinem Götterbezirk herumgetragen und den
Perkun mit dieſen Worten um Verſchonung angerufen
habe. Percune Dewaite, nie muſſy und mana dirg
wen melſu, tawi ſalni mieſſu. d. i. Gott Perkun laß
das Gewitter gnädig vorüber gehen, ich will dir dafür
dieſes Stück Fleiſch opfern! Welches er hernach, wenn
das Gewitter vorüber gegangen ſey, mit den frinigen
verzehrt habe.
n) In Brünn oder Brno ſtand die Bildſäule des
Donnergottes ſehr prächtig gearbeitet, und ſein Tempel war vorzüglich berühmt. S. Stredowski ſacra Mo-
raviae hiſtor. five vitⁱ S. S. Cyrilli et Methudil. Gleich
bey Brünn iſt ein Ort, der noch Schaniß heißt.
o) In Gebiete von Pogliza in Dalmatien helfr noch
ein Ort Pirun Dubrawa oder Perundwald. S. Fer-
tis Reiſe in Dalmatien. Bern 1769 II. 130.
p) Ob nicht der Swantewits (heil. Licht) Grawis
tis (Licht) der Jeſſe und andre, die nemlichen Göttheit-
ten, aber nur unter einem andern Namen ſeyen? wenigſtens ſtimmen die Eigenſchaften des Perkun mit denen
des Swantewits ꝛc. überein. Der Swantewit wird als
höchſtes Weſen, Licht, Geber des Guten, der Erd-
früchte, der Witterung, als Beſchützer der Frinde,
aber auch als ernſter Rächer beſchrieben. Das Erſtere
ſaßt würde ihm, ſo wie dem Perun, mit ähnlichen Bei-
brägeren geſeliet. — So würde man aber hier zu weit
abfdhern, wenn ich dieſe Idee weiter verfolgen und mit
den Zeugniſſen der Schriftſteller, woraus ich ſie nehm,
beſondern des Helmolds und Saxo belegen wollte. Ich
glaube aber, daß ich kein unverdienſtliches Unternehmen
wäre, wenn man das große Götterregiſter der Sla-

wen

Auch von den alten Bewohnern unserer Gegenden [s] scheint er ebenfalls als oberster und höchster Gott verehrt worden zu seyn; wenigstens spricht schon die Analogie, nach welcher aller übrige Slaven ihm vorzüglich dienten, für diese Vermuthung. Noch mehr Wahrscheinlichkeit aber erhält sie, durch manche unter dem hiesigen Landmann noch herrschende abergläubische Meinungen und Gewohnheiten, die sich von dem ehemaligen Dienst des Perkuns herschreiben; theils auch durch die Benennungen mehrerer Ortschaften und einzelner Plätze, die in verschiedenen, ziemlich weit von einander entfernten Gegenden des fränkischen Kreises und der angränzenden Lande, auf eine wunderbare Art immer beysammen angetroffen werden, und nur aus der slawischen Sprache und dem Gottesdienst dieses Volkes erklärt werden können.

Unter diese gehöret auch vorzüglich die von Berneck; — auffallend sind hier die Benennungen der vorhin beschriebenen, ganz nahe beysammen liegenden Plätze; — sie lassen sich nicht füglich aus dem Teutschen, wohl aber aus der Sprache der alten Bewohner dieses Landes [t] und ihrem Gottesdienst erklären. Es sey mir daher erlaubt, sie hier etwas näher zu erörtern.

Die Slaven verehrten den Donnergott auch unter dem Namen Oziel [u]. Oc Oſi, nach der Aussprache Oſſ oder Oſch, heißt in der Mundart dieses Volkes, Vater [u]; wenn man

---

wern mit Kritik sichtete, neuere Entdeckungen benutzte, verglich, ordnete und so ein philosophisches Ganzes über den Gottesdienst dieses Volkes herstellte. Ich bin überzeugt, daß das große Götterregister würde um vieles kleiner werden, eben so wie der Wust teutscher Völkernamen, wo oft mehrere von einem Volk gelten, durch die Bemühungen unsrer großen Geschichtsforscher zusammen ging, und gewiß noch kleiner werden wird. Wir würden dann die nemliche Gottheit bey mehreren Stämmen, aber nur unter einem abweichenden Namen, und die nemliche Uebereinstimmung im Gottesdienst der Slaven, so wie in ihren Sitten finden.

q) Daß die alten Bewohner eines großen Theils des heutigen fränkischen Kreises Slaven waren, habe ich in dem Versuch über die ältere Geschichte desselben, Bayreuth 1788 von Seite 28 an, ausführlich erwiesen.

r) Was ich in der erstangeführten Abhandlung über die slawischen Sitten, Meynungen und Gebräuche des fränkischen Landmanns überhaupt gesagt habe, gilt auch insbesondere von der Gegend von Berneck, in welcher sich, auch außer den oben besonders ausgeführten Namen, noch folgende slawische finden, nemlich die Oelschnig und Cronach, Ohdel; und Gefree, Goßmannroth, Leußau, Aremiz, Längenreuth, Horstreuth, Prennersdorf, jetzt Himmelkron, Polniz, Aremiz Pulst, Schorgast, Trebgast ꝛc. Namen von Orten.

s) Westphalen Monumenta inedita. Praef. p. 229.

t) Er heißt im Slawonischen der Vater, Woy, Woc und Woczes im Lausitzischen, Oeiec, Oyciec, im Polnischen, Orec im Böhmischen. Nach des Herrn D. Antons Bemerkung, welcher die armenische, irische, persische, griechische und germanische Sprache im zweyten Theil seines Buches über die Slaven verglichen hat, gehört das Wort mit unter die Urlaute. Da übrigens der Begriff eines leiblichen Vaters sich nach dem Gang der Natur eher, als der Begriff der Gottheit entwickelte und beyde Ihren Vater und Gott so viel ähnliches haben; so ist leicht zu erklären, warum die ersten Menschen, als sie ein höheres Wesen zu denken anfiengen, das Schöpfer und Erhalter sey, und alle die Eigenschaften im Großen habe, die sich bey dem Vater im kleinen finden, sie auch mit der Idee des Vaters den zeitherigen Leut desselben auf die Gottheit mit übertrugen. Im Polnischen heißt noch Boźek ein Götze und im Böhmischen Bozstwy die Gottheit. Oft heißt im Ungelsächsischen und alten Teutschen der Ursprung, Anfang; (Zulda S. 312); ob nicht deus, Deus, das keltische Devos das Nordische As, der Gott, Aſr, Aeſer die Götter, Aſa, Jeſa die Göttin, ob nicht der Jeſus des Lactantius oder des Lucanus der l. Pharf. sagt:

Et quibus immitis placatur sanguine caeso
Teutates, horrensque feris altaribus Hesus
einen

man nun die Bedeutung dieses Worts auf die Gottheit anwendet, so findet man darinn eine neue Bestätigung der Aussage des Procopius, daß die Slawen den Donnergott als das höchste Wesen, welches alles erschaffen hat und erhält, anbeteten. Einige aber glauben, das Wort Vater müsse hier in einer engen Bedeutung genommen werden, und Osseck bedeute daher nur den Vater der Erndte *), so wie der Name Occopirn, unter welchem diese Gottheit auch vorkomme, nur den Vater des Blißes in engerer Bedeutung bezeichne *). Doch ich will hierüber nicht streiten, da beide Bedeutungen sich nicht widersprechen, und gar wohl beysammen stehen können. Meine Absicht ist, hier nur zu untersuchen, ob der Name der oben angeführten bey Berneck liegenden Dschleiten am Sommerrangen nicht etwann auf die ehemalige Verehrung des Donnergottes in dieser Gegend Bezug haben könnte?

Es liegt nemlich oberhalb dieser beyden Plätze, auf dem vorbeschriebenen Berg das Dörfchen Rimles oder Rimlas. So schreibt man diesen Namen sowohl im Amt als auch ausserdem; und der Landmann, welcher in der Aussprache der in seiner Gegend liegenden Orte noch öfter die Originalität des hohen Alterthums beybehalten hat, als die Schriftsprache *), spricht dortherum diesen Namen ebenfalls so aus; wozu noch dieses kommt, daß er in den ältesten Documenten, Saal- und Urbarbüchern, die sich im Archiv befinden, auch so, nemlich Rjmas Rimis und Rimles geschrieben gefunden wird *).

Dieser Ort nebst den gleich dabey liegenden, vorhin nach ihrer Lage beschriebenen Plätzen, kann nun nicht wohl aus der teutschen Sprache erklärt werden; er scheint daher nebst jenem

---

eines Ursprungs sey? Beyider bemerkte schon diese auffallende Urbuliöteit. Er sagt daher in antiq. Septentrional. p. 139:. Alii Romanorum scriptorum generali nomine (quo Septentrionalis aeque ac Celtas Deos suos compellabant) pro speciali sumto, novum namen Esum, vel Hesum effunere, qui tamen non alius, quam Odinus, As, Ans, Asus hoc est Deus xar' ἐξοχὴν dictus.

u) Von dem slewischen Wort Ozinec die Erndte.

v) I. Maletius sagt in epist. de religione Borussor. p. 167. von dem Occopirn folgendes: „Facta autem messe, solenne sacrificium pro gratiarum actione conficiunt, quod Ruthenica lingua Ociuet id est consummatio messis dicitur. In hoc sacrificio Sudini Borussiae populi, apud quos succinum colligitur capro litant: litandi ritus vero est talis: congregato populi coetu, in horreo, adducitur caper, quem Wurschaytus illorum sacrificulus mactaturus, imponit victimae utramque manum, invocatque ordine daemones, quos ipsi Deos esse credunt: videlicet Occopirnum Deum coeli

et terrae. Der Occopirn erscheint hier also doch als oberster Gott!

In der Lausiß ist noch ein Berg/y Woßek, welches auch Wendisch Oßig heißt.

x) Der Grund davon ist darinn zu suchen, daß man in der Schriftsprache öfters die Wörter verschönern und so besser als sie in der groben Bauernsprache geredet werden, schreiben wollte. Hieju kam noch die unselige Sucht, die alten Namen, welche man sich nicht erklären konnte, zu modernisiren, die man dann unwissend, daß es Wörter aus einer alten von der teutschen abweichenden Sprache seyen, durch Künsteleyen so lange verdrehte, bis sie teutsch wurden.

y) Auch dies Wort war in Gefahr teutsch zu werden, im Landbuch vom Jahr 1536 steht noch der alte Name Rymas, eine neuere Hand schrieb darüber Riblinge jest, — vielleicht von den Rüben; allein diese neue Orthographie muß von keiner langen Dauer gewesen seyn, da in der Folge dieser Ort wieder unter dem alten Namen vorkommt.

jenen ſchon vor den Zeiten, da man hier zu Land allmälig teutſch zu reden anfieng, ſeinen beſtimmten Namen gehabt zu haben; und alſo in der Sprache der Urbewohner dieſer Gegend aufgeſucht werden zu müſſen. Würklich findet ſich auch in den heutigen verwandten Dialekten derſelben das Stammwort dazu. hřjmánj und hřimíni heißt im Böhmiſchen und den übrigen ſlawiſchen Sprachen der Donner, von dem Zeitwort hřjmati, hřmjti, hřměnj donnern, daher auch hřjmá, hřimi, y. es donnert und donnernd *). Das Wort Rimles oder Rimlas hieß alſo Donnerwald, von dem erſt angeführtem Wort, und las oder les der Wald, welches leztere auch insbeſondre die Haſelſtaude bezeichnet. Die Lage und ſonſtige natürliche Beſchaffenheit dieſes Plazes kommt auch ganz mit ſeiner Benennung überein. Mehrere kleine Birkenwälder und untermiſchtes Gebüſche von Haſelnußſtauden, welchen leztern der Landmann in unſern Gegenden noch eine beſondre Kraft bey einem Donnerwetter zuſchreibt *), umgeben in verſchiedenen Entfernungen dieſes Dörfchen b), das auf einem Berg liegt, der ſchon durch ſeine Höhe und die ſtarken Wälder, welche ſich daran befinden, die Gewitter häufig anzieht; einen Fuß deſſelben, die ſogenannte Zotaſchen, halten daher auch die dortigen Anwohner für eine Wetterſcheide.

Uebrigens iſt auch bey trüben Wetter öfters der obere Theil ganz in Wolken eingehüllt; ich hatte ſelbſt einmal Gelegenheit, mich von der Wahrheit dieſer Bemerkung zu überzeugen, als ich ihn einſt bey einem trüben regneriſchen Tag beſtieg. Oben auf dem Berg war ein dichter Nebel, von welchem man unvermerkt naß wurde, und unten im Thal regnete es.

Bey Rimles fängt der Berg an, etwas ſteiler als zuvor, ſich in die Höhe zu ziehen, gegen dieſen Abhang zu, liegt Godendorf, welcher Name auch in dortiger Gegend, beynahe noch häufiger Gottendorf geſchrieben, und auch ſo ausgeſprochen wird, womit auch die älteſten Dokumente, worinn dieſes Ortes gedacht wird, übereinſtimmen, denn dieſe nennen ihn auch Godendorf.

Od heißt in der ſlawiſchen Sprache von, ab; da dieſer Ort auf dem Abhang liegt, ſo würde ich ſeine Benennung von der Lage deſſelben ableiten, wenn nicht alle in dieſer Gegend befindliche Pläze, wie ich im Verfolg dieſes zeigen werde, auf gottesdienſtliche Benennungen Bezug hätten. Nach des Herrn D. Möhſens Bemerkungen nennten die Slawen den oberſten

---

*) Daher heißt hrom im Böhmiſchen und Grom im Polniſchen der Donner, von welchem Wort vielleicht der Name von Romau in Preußen, wo der Perkun verehrt wurde, und andern dergleichen Oerter herkommt.

a) Viele hieſige Landleute glauben nemlich, daß die Pläze wo Haſelſtauden ſtauben, vom Einſchlagen des Blizes befreyet blieben, wenn man daher drey aus ſolchem Holz geſchnizte Stifte in das Gebälke eines Hauſes

ſchlägt, oder auch drey friſche Haſelzweige zwiſchen die Balken eines Gebäudes legt, ſo wird es dadurch vor dem Bliz geſichert.

b) Sonſt waren die Haſelſtauden bey Rimles viel häufiger, als jezt anzutreffen, eine unter der Regierung des Marggraf Georg Friedrich verfertigte Waldbeſchreibung gedenkt noch eines ganzen Birken und Heßlernn Schrots zwiſchen Rimles und Michelsdorf.

sten Gott **Woba** *), so wie ein gleiches auch von andern alten Kaukasischen Völkern bekannt ist *); dies macht mich daher geneigt, auch diesen Namen davon abzuleiten. Daß übrigens das Wort **Dorf** in spätern Zeiten hinzugekommen sey, darf ich wohl nicht erst erinnern, da es bekannt ist, daß die alten slawischen Orte durch die in jenen Ländern sich immer mehr ausbreitende Teutschen, oder auch von den neuern Slawen selbst, welche die Sitten und Sprache ihrer Ueberwinder nach und nach annahmen, öfters noch eine teutsche Endigung erhielten *); und auf diese Art konnte auch das ursprünglich slawische Wort durch eine nur geringe Veränderung der Aussprache in das heutige **Gottendorf** übergehen.

Endlich erreicht man den Gipfel des Bergs und findet sich durch die obenbeschriebene herrliche Aussicht für das etwas mühsame Hinaufsteigen reichlich belohnt. Dieser hohe Bergrücken, der, wie ich oben schon anführte, in einem ziemlichen Umkreis eben und ganz kahl ist, heißt seit vielen Jahrhunderten her, noch immer der **Köstler** oder **Kößlar** *).

Wenn je die um Berneck herumwohnenden Slawen nach der Weise ihrer Väter und Brüder in andern Ländern den Donnergott verehrten, so konnten sie keinen schicklichern Platz

B 2   zur

c) Geschichte der Wissenschaften in der Mark Brandenburg S. 51. Unter den Preußischen Alterthümern findet man auch die Abbildung einer slawischen Gottheit mit diesem Namen. S. Rasch gottesdienstliche Alterthümer der Obritzken. S. 63. Man glaubt zwar insgemein, es sey dies der Name eines Untergottes gewesen, welcher dem Krieg vorgestanden habe; allein wir finden in dem Swantewit, der doch bekanntlich der böchste Gott der Rugier war, auch zugleich den Gott des Kriegs. Caro sagt von ihm: Clarior in victoriis efficacior in responsis, unde illum Deum Deorum proclamato, und erzählt zugleich, daß die Beute, welche die Personen machten, die auf seinen Pferden in den Krieg zogen, ihm eigenthümlich zuerkannt habe. Den Satz, daß der böchste Gott auch der Gott des Krieges gewesen sey, bekräftigen übrigens noch mehrere Beyspiele. Im Böhmischen heißt noch der Sitze modla und modlar der Götzendiener.

d) S. die Abhandlung Woban der Sachsen Held und Gott. Dresden 1775. Er heißt auch Cowehen bey den Anzeldsachsen, und Wodan. (Beda), bey den Langobarden Wodan, (Paulus Diaconus), Odin Oden und Woden in der Isländischen Edda, Tos bey den Arabern, choda bey den Persern, gode Mißgothisch, auch in der alten teutschen Sprache Woden und Ote, wie aus der oben angeführten Stelle erhellt; auch Gode in dem bekannten Glaubensbekenntniß aus dem achten Jahrhundert (Er gelobo in Christ Godes Suno)

und in dem Eid, den Ludwig der teutsche seinem Bruder Carl schwur: (In Godes Minna). Ist dies Zufall? oder Urlaut der kaukasischen Sprache? oder rührte sich dieser Name nur von Lehrmeistern der Religion auf Lehrlinge?

e) Wir haben sogar in unsern Gegenden Orte, deren Namen aus einem slawischen und einem teutschen Wort zusammengesetzt sind, welche in beiden Sprachen das nämliche bedeuten. Z. B. Culmberg und Colmberg, Lügellod, Cammerstein u. s. w. Diese Namen heißen, wenn man die erste slawische Silbe auch ins teutsche übersetzt, Bergberg, Loblob, Steinstein.

f) Auch der Kofel und Köselberg; das heutige Dörfchen Keßler, welches auf diesem Berg liegt, hat von ihm seinen Namen, denn in den ältern Amtsregistern des Closters Himmelkron heißt es vom Kößler oder czum Kößler. Die Caroilsche Charte vom Fichtelgebirge Bayreuth, welche so viele Orte dieser Gegend entweder falsch oder gar nicht angezeigt hat, führt es unter dem Namen Koffer auf; übrigens bemerkte ich noch, daß auf dem Kößler keine Vertiefung zu finden sey, woran er etwann seinen Namen erhalten habe. Unten bey Gottendorf und Rimlet sieht man zwar einige Löcher; allein diese rühren von einem Kupfer Bergwerk her, welches zu Anfang dieses Jahrhunderts vom Prinz Carl August betrieben wurde, aber nachher, wegen der zu geringen Ausbeute, wieder verfiel.

zur Anbetung wählen, als diesen. Bekanntlich wird auf hohen Bergen, wo man so viele erhabene und große Gegenstände der Schöpfung auf einmal übersieht, das Herz vorzüglich zu religiösen Empfindungen gestimmt, und selbst der rohste und unfühlbarste Mensch empfindet beym Anblick so feyerlicher Naturscenen, die vor ihm wie ausgebreitet da liegen, ein gewisses etwas, das ihn der Gottheit näher bringt. — Eine Bemerkung die von Reisenden und Menschenkennern schon vielfältig gemacht worden ist. —. Aus diesem Grund verehrten auch die mehresten Völkerschaften, welchen noch nicht steigende Cultur nähere Tempel zum Bedürfniß gemacht hatte, ihre Gottheiten unter freyen Himmel, vorzüglich aber auf hohen Bergen. So verehrten zum Beyspiel, nach den neuerlichen Untersuchungen des Herrn Barons von Zurlauben [s], die Taurusker ein alter Galischer Stamm ihren Gott auf der Spitze des hohen Gotthardberges in der Schweitz. —

So auch die Slawen; — wie uns vorzüglich aus der Russischen Geschichte bekannt ist, wo der Grosfürst Wladimir noch im Jahr 978 dem Perun auf den Bergen um Kiew und Nowogorod den Dienst errichtete [h]. Dergleichen heilige Plätze, die man für einen vorzüglichen Sitz der Gottheit hielt, hießen in ihrer Sprache Kostel oder Kosciol [i]. Wir haben noch viele Orte, die ihren Namen von der ehemaligen Verehrung der Gottheit daselbst erhielten; so führt z. B. Herr D. Anton in seinem schätzbarem Werk über die Slawen nur allein in der Oberlausitz drey Dörfer an, welche Kosel oder wendisch Koslow heißen, und als Plätze, wo man sonst die Gottheit anbetete, diese Benennung bekamen [k].

Hier also auf dieser Spitze mochte der Ort der eigentlichen Gottesverehrung seyn, — der Platz, wo man dem Donnergott opferte [l], wo ihm zu Ehren ein heiliges und unvergängliches Feuer brannte [m]; wo man das große Erndtefest jähr-

---

g) Le Soleil, adoré par les Taurisques fur le mont Gottbardt, diff. de Mr. le Baron de Zurlauben. Zürich 1781.

h) Dingoff. II. S. 104. Als der Grosfürst Igor den Frieden mit den Griechen beschwer, stieg er auf den Hügel des Peruns, Nestor. S. 60.

i) Bey den Böhmen und Slowaken in Ungarn heißt z. E. noch der Tempel Koskel, im Polnischen Kościol. Im Krainerischen hoslet ein heidnischer oder Haintempel hostelnik ein solcher Priester.

k) l. S. 56. Der Kesselberg auf dem Riesengebirg ist bekannt. Die Slawen hielten gewöhnlich an dem Ort der Gottesverehrung auch Gericht. S. Helmold I. c. 69. Daher sagt Strav in Prodromo historiae Graesenthalensis p. 10. Locus adhuc inter Salfeldiam et Graesenthalum monstratur, quem bei

Kessel vocant — bey der Eiche, ad quem judicia sua exercuisse dicuntur Serali. Neben dem Kessel liegt Bernsdorf und Geschwende zwey Dörfer, deren Namen sich ebenfalls auf den Gottesdienst beziehen, denn Swiecl Sawentias swiaty, Swante heißt heilig.

l) Da oben an dem Kessler zunächst bey Gottendorf eine sehr starke Quelle entspringt, so hätte man das zum opfern nöthige Wasser ebenfalls in der Nähe.

m) Die Russen unterhielten auf den Altären des Perund ein heiliges Feuer, welches die Priester bey Todesstrafe nicht ausgehen lassen durften. Anhang zum Nestor S. 267. Dergleichen die alten Preußen und Polen. Hartknoh s. a. O. X. S. 16. und Guagwinus. Daß man auch in dem alten Ostfranken den Feuerdienst kannte, zeigt das von Carl dem Großen verbotene Uodfyr an,

Das

jd(rlich begierig *), und wo man bey allgemeiner Volksversammlung feierliches Gericht hielt *).

B 3   Diese

Das sogenannte Johannisfeuer, welches der Landmann in vielen Gegenden des fränkischen Kreises noch anzündet, scheint ebenfalls auf die Verehrung des Donnergottes Bezug zu haben; vorzüglich wird diese Gewohnheit gerade zu einer Zeit beobachtet, wo die Gewitter am häufigsten sind, und als die Ursache derselben das bessere Wachsthum der Feldfrüchte, insbesondere des Flachses angegeben; und bekanntlich wurde der Donnersgott als Geber der Erndte vorzüglich verehrt, wie aus der nächsten Anmerkung erhellen wird. Folgender Gebrauch, der noch allgemeiner ist, erscheint ebenfalls als eine merkwürdige Spur seines ehemaligen Dienstes in diesen Gegenden. Man zündet nämlich bey Gewittern ein kleines Feuer auf dem Heerd an, in der Meynung, das Einschlagen des Blitzes dadurch abzuwenden. Vielleicht stammt auch ihr Aberglauben, der man von den sogenannten Wetterbäumen. Wetterbäumen und Donnerkräutern hegt, auch von ehemaligen religiösen Meynungen und Gebräuchen her.

a) Das Fest der Erndte wurde von allen Slaven gefeyert; Saxo hat uns eine weitläuftige Beschreibung von den Gebräuchen, welche die Rugier dabey beobachteten, hinterlassen. Auch noch im 16ten Jahrhundert waren in Rußland, Polen und Preußen Spuren des alten Erndtefestes übrig.

Da es nur der Landmann noch feyerlich beging, und die Stelle eines Priesters dabey ein gemeiner Bauer versah, so erscheint es nun freylich nicht mehr in der Würde und mit den Gebräuchen, wie es die ganze Nation feyerte. Indessen sind diese Spuren immer noch belehrend; und ich glaube daher meinen Landsleuten keinen unangenehmen Dienst zu erweisen, wenn ich noch einem Augenzeugen erzähle, wie es vor ohngefähr hundert Jahren bey dem Preußischen Landmann gehalten wurde. —

Simon Grunow, ein preußischer Predigermönch, der um das Jahr 1520 eine Chronik von Preußen schrieb, erzählt nemlich folgendes: Er sagt, daß er einmal von ohngefähr in ein Bauernhaus gekommen sey, in welchem viele Landleute heimlich versammelt waren. Da nun die Fortsetzung aller heidnischen Gebräuche bey hoher Strafe verboten gewesen sey, so baten ihn die Bauern, so bald sie seiner gewahr worden wären, aus Furcht, nun verrathen zu werden, sogleich umzingelt

und umbringen wollen. Es sey ihm aber noch gegönnt, dem Tod dadurch zu entkommen, daß er sie in der alten preußischen Sprache angeredet habe. Denn nun baten sie ihn für einen Freund ihrer vaterländischen Sprache und Gewohnheiten gehalten, und den Argwohn einer Verrätherey fahren lassen; er habe ihnen aber dennoch geachtet bey dem Perkun angeloben müssen, daß er nie etwas von diesem Vorfall dem Bischof ihrer Diöces erfahren lassen wollte. Hierauf ließen sie ihn auch an ihrer Feyerlichkeit mit Antheil nehmen, die er folgendermaßen beschreibt:

Zuerst wurde ein länglich gelegter Holzstoß angezündet, hierauf von den Männern ein Bock herbey gebracht, und von den Weibern Mehl, welches sie darnach untereinander kneteten. Dann hieng einer unter ihnen, der den Priester vorstellte, von ihrem Ursprung, den Thaten ihrer Voreltern und den Vorschriften der Götter zu reden an; nach dieser Vorbereitung wurde der Bock an der hinzu geführt, auf welchen der Priester beyde Hände legte, und den Occoporo zugleichen die übrigen Götter dabey anrief. Indessen bezeugte jeder von den Anwesenden nach der Reihe seine Sünden (freulich, während welcher Beichte die übrigen den Bock in die Höhe hielten, dann wurde er erst geschlachtet, wobey die Bauern in ihre mitgebrachte Gefäße das Blut auffingen, um damit bey ihrer Nachhausekunft ihr Vieh und ihre übrigen Sache besprengen zu können. Nachdem man dem Bock das Fell abgezogen hatte, so wurde er in Stücke zerhauen und gebraten, während dessen jeder Bauer einzeln seine weitern Sünden bekannte, und sie durch Schläge abbüßte, welches auch darnach ihre Priester thun mußte, der von den sämmtlichen Bauern für seine Sünden auf das übliche angetastet wurde. Nach diesem ferner bekamen die Weiber Unterricht, wie sie sich zu betragen hätten, wenn sie nach den Vorschriften der Götter leben wollten; die hierauf aus dem mitgebrachten Weizenmehl Honigkuchen zusammenbereiteten, welche aber nicht gehörig in einem Ofen gebacken, sondern von den Männern, die um das Feuer herumstanden, so lange hin und her geworfen wurden, bis sie etwas zusammengebacken waren. (Ein herrliches Gericht!) Hierauf gieng es zur Mahlzeit, wobey die Bauern bis an den Morgen tapfer aßen und Hörner leerten, und sodann die übrig gebliebene Speise außerhalb des Dorfes vergruben. Dieser

Gebrauch

Diese Vermuthung scheint noch mehr durch folgendes bestätigt zu werden. Gleich unter dem Kestler, ohngefehr einen Büchsenschuß von Rimles, liegt Micheldorf. Helmold, ein alter gleichzeitiger Schriftsteller, der eine Chronik der Slawen schrieb, berichtet uns ausdrücklich, daß der Priester des Gottes Prono, Mike hieß [o]. Miche und Mnich heißt noch in den heutigen Dialekten dieser Sprache Priester [q]; ja sogar bey teutschen Schriftstellern des Mittelalters ist das Wort Miche ein gleichbedeutendes Wort von Pfaffe [r]. Nicht nur diese Sprachgewißheiten, sondern auch noch der besondre Umstand, daß das Wort Miche in andern Gegenden immer bey solchen Orten, welche auch auf alten slawischen Gottesdienst Bezug haben, angetroffen wird [s]; bestimmen mich, über die sehr gewöhnliche Voraussetzung, daß eine

---

Gebrauch möchte noch eine geraume Zeit bey dem Landmann in Preußen fortdauern, da er in der Landesordnung des Herzogs Albrecht Friedrich vom Jahr 1577 noch mit diesen Worten verboten wird: „Nachdem Zauberey in unserm Lande gemein und auch die Beschädigung noch in Uebung seyn mag, wollen wir allen unsern Amtleuten befohlen haben, fleißig darauf zu sehen; und wo jemand befunden wird, es sey Mann oder Weib, so Zauberey treibt, oder den Bock heiligen und dergleichen Dingen mehr anhängig ist, soll es uns angezeigt werden;" und J. Will erzählt: daß die Samländer (welche zwischen dem Curischen und Frischen Haf in Preußen wohnten) noch lange Zeit, davon im Scherz: Bocksheiliger genannt worden seyen.

Auch bey dem Erudtefest des Landmanns im fränkischen Kreis, insbesondre bey der so genanten Schnittling und Drischleg, wobey geschmauset wird, möchten vielleicht noch die und die Spuren alter Sitten und Gebräuche anzutreffen seyn, wenigstens herrscht noch die und da mancher Glaube an Röcke und Bocksblut; auch wurde sonst die Gegend von Wunsiedel scherzweise das Läuterlein in Bösslerart genannt, welchen Namen sich die Einwohner desselben vielleicht ebenfalls wie die Samländer, durch die in christlichen Zeiten noch fortgesetzten Gebräuche ihrer heidnischen Voreltern zugezogen haben können. Bruch vermuthet zwar in seiner Beschreibung des Fichtelbergs (S. 91) daß diese Benennung von dem Herrn von Bockberg, welchem diese Gegend zugehört haben solle, hergekommen seyn möchte; allein nie hatte eine Familie, die sich Bocksberger schrieb, hier Besitzungen, wohl aber die von Voigtberg, welche im Jahr 1321 die Burg Wunsiedel an Burggraf Friedrich zu Nürnberg, dessen Landsassen und Lehenleute sie in Ansehung dieser Burg waren, käuflich überliefern.

Uebrigens bemerke ich nur noch, daß die oben erwähnten Honigkuchen auch bey dem Gottesdienst der übrigen Slawen gebraucht worden, so sagt z. B. Saxo in seiner Beschreibung des Erndtefestes auf der Insel Rügen (S. 14). Placenta quoque mulso confecta, rotundae formae, grandicatis vero tantae, vt pene hominis staturam aequaret, sacrificio ad movebantur. Und die hiesigen Slawen mußten sich dessen bedienen, denn ich stabe in einem alten Haushaltungsbuch des Klosters Himmelthron, welches gleich unter dem Kößlar liegt, folgendes unter den besondern Traktamenten der Klosterfrauen erwähnt. „Item am samstag vor den vesten sontag, den koplen preplin, der eltzten einer v krapffen, und ich beydenhalb kuchen mit honig.“

o) Außerdem, daß nach Helmolds Zeugniß, es bey den Slawen gewöhnlich war, an dem Ort des Gottesdienstes auch hohes Gericht zu halten, scheint es insbesondre hier die Rathgemeinde und die Nobischlehren, zwey Frühgerichten bey Michelderf anzuzeigen.

p) L. l. c. 69. Porro nomen flaminis qui praeerat superstitioni, erat Miko.

q) Laußißisch Miche, Polnisch Mnich, Böhmisch Mnich, der Pfaffe, Mönch. In Falkensteins Nordg. Alterth. 1. S. 282 kommt unter den Benennungen der Wettermacher und Wahrsager auch der Name Wicker vor.

r) S. Scherz Glossar. voce Michel, übrigens heißt auch das Wort Michel in der alten teutschen Sprache reich, groß, mächtig, viel, ehr, das was im Slawischen Moc, Mozny bedeutet.

s) Der Ort Wuggendorf von dem es gewiß ist, daß dies ehedem ein vorzüglicher Aufenthalt Slawischer Priester war (S. meinen Versuch über die ältere Geschichte des F. K. S. 79. seq.) stabe ich noch in Urkunden der 16ten Jahrhunderts Müchendorf geschrieben. Das Kloster Michels

eine Perſon, die den Zunamen oder Taufnamen Michael hatte, dieſen Ort angelegt habe, hinweg zu gehen, und dieſen Platz für den ehemaligen Aufenthaltsort der Prieſter, welchen die Unterhaltung des auf dem Altären des Perkuns brennenden ewigen Feuers anvertrauet war, zu halten.

In der oben beſchriebenen Haynleiten und dem Haynbüchig ſcheint mir ebenfalls noch eine Spur von einem ehemaligen Götterhayn zu liegen [1], und eine neue Beſtätigung meiner Ableitung der Rimleſer Gegend.

Noch iſt der Schwörzhof übrig, welcher dem Haynbüchig gegen über liegt, und in den alten Saalbüchern Schwürzhof oder auch nur ſchlechthin die Schwirz heiſſet. Im Slawiſchen heißt Zwer, Zwjſe das Thier; Z wird in dieſer Sprache wie das teutſche ſ oder ſch ausgeſprochen, daher im ſauſiſchen Dialekt Swjereczach bey den Thieren ohngefähr Swerfach lautet.

Den Göttern wurden bekanntlich verſchiedene Arten von Thieren geopfert; da nun bey andern ehemaligen gottesdienſtlichen Orten, immer auch ein Schwörz oder Schwarzach angetroffen wird [2], ſo möchte vielleicht hier, das zum Opfer beſtimmte Vieh aufbewahrt worden ſeyn, für welches man, da ſowohl oben auf dem Berg nicht überflüſſige Weide iſt, als es auch nicht ſchicklich war, neben dem Ort der Gottesverehrung einen Viehſtall zu errichten, keine gelegenere Gegend, als die des Schwörzhofs wählen konnte, weil ſie das allernächſte Thal iſt, in welchem ſich die beſten Viehtriften, die bis weit über Himmelkron hinunter laufen, ſich befinden. Die ſogenannte Streumühle welche nur einige hundert Schritte vom Schwörzhof entfernt iſt, giebt dieſer Vermuthung noch mehr Gewichte, denn ihr eigentlicher alter Name iſt der reiche Stall [3] und unter dieſem wird ſie auch noch bis auf den heutigen Tag in den Acten des Cloſteramts Himmelkron fortgeführt.

Außer

---

derſelb in der Oberpfalz heißt im Stiftungsbrief des Kloſters daſelbſt vom Jahr 1119 ausdrücklich Michaelsfeld, und konnte alſo nicht vom heiligen Michael den Namen erhalten, zumal das Kloſter gleich bey ſeiner Stiftung dem heiligen Johannes gewidmet wurde; unter den dazu geſtifteten in der Nähe deſſelben liegenden Orten und Plätzen kommen auch folgende mit vor, nämlich der Söhnenſtein, Perrabach, Godesdorndorf, Götzmaresberg und das Wolenloch.

Am Heſſelberg in Unterfranken, von dem ich weiter unten mehrere Spuren ehemaligen Götterdienſtes daſelbſt anführen werde, befindet ſich ebenfalls ein Michelbach, u. ſ. w.

[1] Im Slawiſchen iſt der Name Hayn ebenfalls noch gebräuchlich, ſo heißt h. B. im ſauſiſchen Dialekt Ham-

der Wald, Hainſtwo die Förſterey und Hainik ein Förſter, im Polniſchen Gay, im Böhmiſchen Hag der Luſtwald.

[2] Bey Bernſtein iſt ein Schwarzenbach; bey Wernſtein welches ebenn Bernſtein hieß, iſt ein Schwarzach; bey Wernerreuth iſt ein Schwarzenreich, bey Parkſtein ein Schwarzbach u. ſ. w. Umtiel ſagt S. 7. ſeiner cimbriſchen Heidenreligion, daß um Bornsholm ein großer Eichbaum geſtanden ſey, welcher die Schwerck'ſche Eiche genennet und dahero geopfert worden ſey. Noch Herrn D. Anton hieß das Opferthier Schertwo, daher der Opferaltar Schertwenauf. S. deſſen Verſuch über die Slawen. I. B. 62.

[3] Aus alten Zinsbüchern des Kloſters Himmelkron, dem dieſer Diſtrict angehörte, ſehe ich,

Außer diesen Orten geben auch folgende Namen von öden Plätzen oder Feldg=genden, nämlich der Herr Gottesgraben *) ein großer Wasserriß zwischen Michelsdorf und Göffenreuth, der Rowenberg, die Robisch-leiten, die Karzenreuth, ebenfalls bey Michelsdorf, die Sorg bey Godendorf, und der Bogersweg bey Bernreuth noch mehr Aufschluß über diesen Punkt, — doch ich übergehe sie, um nicht zu weitläuftig zu werden; und frage nun den unbefangenen Leser, ob aus diesen hier angeführten Spuren nicht eine hohe Wahrscheinlichkeit für den ehemaligen Dienst des Donnergottes spreche, und ob es unter diesen Umständen eine gewagte Muthmaßung sey, wenn ich vermuthe, daß Berneck von Pern oder Perun seinen Namen erhalten habe, da dieses Wort als das Hauptwort jener Gegend erscheint? Es finden sich nemlich in einem kleinen Bezirk folgende Orte und Plätze beysammen, als das Städtchen Berneck, das Dorf Bernreuth, die alte Weste Berneck, und eine Oedschaft, im alten Berneck genannt, welche, wie unten aus Urkunden erhellen wird, alle sonst auch mit einem P. geschrieben wurden. Uebrigens ist aus der Geschichte bekannt, daß mehrere Orte von dem Perun ihren Namen erhielten, wie z. B. die Stadt Brünn, B. Berno in Mähren, das nachherige Kloster Perunsky Monaster in Nowgorod, Perunsky Dubrawa ein Wald in Dalmatien u. s. w.; wozu auch noch dieses kommt, daß die Gegend von Berneck vorzüglich geschickt war, Menschen, welche auf einer niedern Stuffe der Ausbildung standen und daher noch sinnlich genug waren, ihren Gott in den Würkungen der Natur zu suchen, lebhafte Gefühle von dem würklichen Daseyn der Gottheit selbst einzuflößen. Die Wälder, die vielen Berge und engen Thäler bringen hier bey einem Donnerwetter das Echo vervielfältigt zurück, und machen dadurch auf das menschliche Gemüth einen viel stärkern Eindruck, als in ebenern Gegenden. Man muß selbst einmal in Berneck ein Gewitter mit abgewartet haben, um sich von dem feyerlichen und prächtigen des rollenden Donners einen vollständigen Begriff machen zu können.

Ich könnte nun meine Bemerkungen über den Namen Berneck schließen; allein da ich oben berührte, daß noch mehrere dergleichen merkwürdige Gegenden im fränkischen Kreis und an dessen Gränzen angetroffen würden, so sey es mir erlaubt, hier nur noch einige anzuführen. So findet sich z. B. im Fürstenthum Bayreuth noch ein solcher Ort, nämlich Bernstein am Wald; um ihn herum liegen folgende Dörfer, als: Gottmannsberg, Reimles, Schwarzenbach und Neuen-Sorg, sodann der Götzen- und Wöllesgrund,

zwey

---

*) ich, daß die ganze Gegend dortherum so genennt wurde; so heißt es z. B. in einem derselben: „das Closter hat ½ werber im reichenstall; Der reichestaber pach ist des closters; Es hat den Zehnden auf dem reichenstall, ingleichen der sauerzbauer

hat ½ Wißen, die liegen zwischen dem closter und reichenstall.

x) Im Vermerkungs-Protokoll des Stadtgerichts von Berneck, vom Jahr 1674, finde ich diese Benennung nebst noch einigen obigen das letztemal.

zwey Plätze, worauf gegenwärtig einige Bauernhäuser stehen, welche zum Dorf Gemeintreuth mit gerechnet werden.

Im Fürstenthum Anspach finden sich um und an dem bekannten Hesselberg ebenfalls Spuren ehemaliger Gottesverehrung. Dieses in aller Rücksicht merkwürdige Gebürg, dessen entzückende Aussichten in dem vor kurzen erschienenen ersten Theil des fränkischen Archivs sehr schön beschrieben worden sind, wird in den ältesten Urkunden des nicht weit davon liegenden alten Klosters Auhausen nie anders als Osel oder Oselberg geschrieben gefunden [y]. Nach dieser Voraussetzung glaube ich also, daß er seine Benennung, wenigstens die ältere, nicht von den darauf befindlichen Haselstauden, wie man insgemein glaubt, erhalten habe. Nicht nur dieser alte Name selbst, sondern auch der darauf befindliche große Platz, die Osterwiese genannt [z], bestärken mich in meiner Vermuthung. In der erstbemerkten Beschreibung wird nemlich angeführt, daß nach der Erzählung der dortigen Anwohner ein heidnischer Altar vor noch nicht langen Jahren daselbst gestanden; ingleichen, daß sich die Sage von ehemaligen Heldenopfern auf der Osterwiese unter den dortigen Landleuten bis jetzt erhalten habe.

Bey diesen Sagen liegt allerdings Wahres zu Grunde, wenn man es nur von dem Fabelwust, womit es gemeiniglich verunstaltet ist, reinigt. Ein gleiches gilt auch von der ebenfalls auf diesem Berg befindlichen Gottmannshöle, oder dem sogenannten guten Mannsloch, wo ehemals geweissaget worden seyn soll.

Auf die eigentliche Vermuthung aber, daß die von den sonst hier anwohnenden Slawen verehrte Gottheit der Gott des Donners gewesen sey, leitet mich sowohl die Sage und natür-

lche

---

y) Ich habe diese Nachricht der Gewogenheit meines verehrungswürdigen Gönners, des Herrn Regierungsraths Spieß zu danken, dessen Sammlung der ältesten Urkunden des Klosters Anhausen zu Behuf einer bereits größtentheils ausgearbeiteten Geschichte desselben, sehr vollständig und ansehnlich ist.

z) Das Wort Oslar scheint eine alte, auf den Gottesdienst sich beziehende, oder vielleicht eine allgemeine Benennung der Gottheit selbst zu seyn (S. oben die Anmerkung zu Osel). So zerstörte z. B. der heilige Bonifaz in Thüringen einen Götzen Oslar oder genannt (Othlanus in vit. Bonif.) Die alten Sachsen und Gothen verehrten unter dem Namen Oslar oder Kostor eine Gottheit. (Wessel ad Eginhard. c. 7. p. 33. et Hoda de rat. temp. c. 13.) Ein heidnischer Götze, Oslar genannt, wurde auf dem Oslerberg bey Braunschweig im Gaude geheimnisch verehrt. (Lambield antiq. Gandersb. c. l. § 2. p. 4.

Wir haben auch Gegenden, von welchen bey den dortigen Anwohnern noch die Sage berichtet, daß sonst eine Gottheit daselbst verehrt worden sey, die noch das Wort Oster in ihrem Namen führen. Z. B. die obererwähnte Osterwiese; der Osterbrunn bey Wirmenrauth im Fürstenthum Bayreuth, an welchem unsre heidnischen Vorältern ebenfalls Gottesdienst hielten. (Bayreuth. wochentliche Nachrichten II. S. 315). Das Osterloch in der Oberpfalz. (Falkenstein Nordg. Altertb. I. S. 110) u. s. w. Daß die alten Sagen von diesen Orten immer mit Wahrem, vom Osterfest der Christen hergenommen, veranstaltet sind, dazu gab wohl die Aehnlichkeit des Namens Gelegenheit. Der Ursprung solcher Fabeln fällt also obgedachte in die Zeiten, wo schon der alte Sinn des Wortes Oster verloren gegangen war. Uebrigens ist das Wort Osterroa auch ein altes teutsches Wort, dessen sich Otfrid und Kero schon bedienen, und heißt, unter mehreren Bedeutungen auch festlich oder freudig.

C

liche Beschaffenheit dieses merkwürdigen Bergs selbst, als auch die davon übrig gebliebenen Benennungen der daran liegenden Örte. Der Herr Verfasser des sehr lesenswürdigen Aufsatzes über den Hesselberg sagt unter anderm auf der 117. Seite des Fränkischen Archivs: „In den „Erdschichten dieses Gebürgs müssen feurige, brennbare Bestandtheile vorhanden seyn, indem „der ganze Berg öfters bey heiterem Wetter in dicken Nebel eingehüllt ist, welcher sich ge- „gen die Atmosphäre ziehet, und zuweilen einen solchen Schwefelgeruch verbreitet, daß er den „Bewohnern der naheliegenden Ortschaften beynahe unerträglich wird; ein Umstand, welcher „vor ohngefähr zwey Jahren das Gerüchte in dortiger Gegend veranlaßte, es brenne der Hes- „selberg. Nicht selten ziehen die Gewitter unter dem höchsten Gipfel des Berges hin, und „die Blitze fahren eben so in die Höhe hinauf, als in die Tiefe herab. Auch ist es bey schwü- „ler und dicker Luft, und wenn es in den Thälern umher trübe ist, in den obersten Regionen „des Bergs oft heiteres Wetter." Womit auch Stieber in seinen topographischen Nachrichten vom Fürstenthum Onolzbach übereinkommt und noch dieses anführt: es werde von den dasigen Landleuten beobachtet, daß die anziehenden Donnerwetter, wenn sie an den Hesselberg kä- men, sich mehrentheils theilten, und entweder über die Schwaninger Heide oder den Oettingi- schen Hirschbronner Forst hinweg zögen. Ueberdies ist das ganze Gebürg oben auf dem Ab- hang größtentheils mit Haselstauden bewachsen, von welchen ich schon bemerkt habe, daß ihnen noch hie und da der Landmann in unsrer Gegend eine besondre Krafft bey einem Gewitter zu- schreibe; vielleicht ist dieser Aberglaube auch unter dem dortigen Landmann noch anzutreffen, denn in der schon öfters angeführten Beschreibung des Hesselberges wird unter andern auch bemerkt, daß die Bewohner dieser Gegenden in ihrer Lebensart noch manchen Aberglauben, so wie in ihrer Sprache noch manche Ausdrücke hätten, die man ohne viele Mühe aus dem Hei- denthume herleiten könnte [a]).

Was den zweyten Punkt betrifft, so finden sich auch in den an diesem Berg liegenden Ortschaften verschiedene von den oben ausgeführten Benennungen wieder; nemlich in Bernts- wend [b]), einem Fillalkirchdorf, in ober und unter Michelbach, durch welches leztere

sich

---

[a]) Vielleicht beschränkt uns der Herr Verfasser des eben angeführten Aufsatzes in einer der Fortsetzungen des Fränkischen Archivs mit dem Verzeichniß derselben. Des Journal v. u. f. Teutschland, auch selbst das Fr. Archiv hat schon dergleichen Beyträge zur Aufklärung va- terländischer Sitten und Meynungen geliefert; da aber noch viele verborgen sind, so ist zu wünschen, daß diejenigen Personen, welche den Landmann näher kennen zu lernen Gelegenheit haben — denn in Städten herrscht

nicht so viele Originalität mehr — solche bekannt ma- chen möchten.

[b]) Es wird auch von einigen Bernhardswind ge- schrieben; allein da noch Stieber's Topographie S. 248. der Weiler Bernhardswinden im Bezirk des Ober- amts Onolzbach Bernorowinden und Bernolzwinden in den Urkunden mittlerer Zeiten geschrieben gefunden wird, so möchte die obige Schreibart auch die ächte seyn.

sich die bekannte Teufelsmauer zieht, in Schwaningen *), Wittelshofen *), Rödingen *) und Werschhofen *).

Die übrigen Plätze an und auf dem Hesselberg, welche nur aus älteren Saal. Urbar.
und Waldbüchern ersehen werden können, muß ich in ermangelnder Einsicht derselben, übergehen; ich bemerke also nur noch, daß, nach dem Zeugniß Wägemanns *), von den herumwohnenden Landleuten sonst häufige Wallfahrten auf diesen Berg angestellt worden sind, welcher Gebrauch sich wohl noch aus dem Heidenthum herschreiben mochte, da sich keine Spuren
von einer ehemaligen christlichen Capelle daselbst finden, und überdieß bekannt ist, daß der
zum Christenthum bekehrte Slawe noch lange eine besondre Achtung und Anhänglichkeit für
seine ehemaligen heiligen Orte hatte.

In der Oberpfalz sind bey alt und neu Parkstein folgende Orte: als Schwant *),
Roß, Pfaffenreit und Schwarzenbach — dann weiter hinauf oberhalb Arndorf Pern-
boch, Wilsdorf *) und Neukostla *).

Ich übergehe noch mehrere dergleichen auffallende Gegenden des fränkischen Kreises, die
man mittelst guter Special-Charten selbst entdecken kann. Vorzüglich aber müssen hiebey
alte Saalbücher, ingleichen Waldbeschreibungen gebraucht werden; denn nur blos in
dem Namen der Dörfer einer Gegend alle diese Spuren antreffen wollen, würde zu viel gefor-
dert seyn, da die Namen der bey dergleichen ehemaligen gottesdienstlichen Orten liegenden Berge,
Wälder, Oedschaften und Feldgegenden, die in solchen Beschreibungen alle eine bestimmte Benennung haben, hierüber den besten Aufschluß geben müssen. Indessen wird aus den vorliegenden Beyspielen schon so viel erhellen, daß diese Gegenden nicht nur durch mehrere sich darinn
befindende Namen ähnlichen lautes, sondern auch vorzüglich durch solche, welche dem laut
nach abweichend, dem Verstand nach aber eins sind, sich untereinander gleich werden; indem
alle diese Benennungen sich in einem gewissen Punkt vereinigen.

C 2   Wenn

---

c) S. oben Seite 12. Not. k zu Ende.

d) Der oberste Gott bey den Slawen wurde auch
Wit genannt, wie z. B. der Swantewit der Rugier,
welcher Name gewöhnlich durch heiliger Oerter, Ueberwinder, Rächer, auch heiliges Wesen und Licht übersetzt
wird; da das Wort Witez im Slawischen der vornehm-
ste, auch der Ueberwinder, Wer der Rächer und Wig
Wesen, Licht und Grund bedeutet.

e) Von der Gottmannshöle, welche oberhalb
Rödingen liegt, hat sich noch die Sage erhalten, daß
Gottheten daselbst gewohnet haben. (S. Reinhard
de litterae. in Bancon. initiis p. 4.) Rot blieb auch
wörtlich der wahrsagende Priester bey den Slawen, von

dem Wort Rak das Schicksal, Rakulz vorhersagen,
welches Wort mit roen sagen, procerumnis vor andern,
wahrsagen eine Wurzel hat. S. Unten über die Slawen I. 66. II. 65. Der alte Ort Freyendorf — denn
so blos sonst Himmelkron — welches unten an dem
Röslet liegt, könnte vielleicht auch hieven seine Benennung erhalten haben.

f) S. oben Seite 15 Note u.

g) Im Druckrufuß am Heiarnlamp und an der Gst-
mühl Cap. II. S. 16.

h) S. oben Seite 12 Note k zu Ende.

i) S. oben Note d auf dieser Seite.

k) S. oben Seite 12 Note L

Wenn also noch ein Weg übrig ist, auf welchem der Forscher der vaterländischen Geschichte in jene durchaus dunkle Zeiten eindringen kann, so ist es der Weg der Sprache, verbunden mit der gehörigen Critik und den übrigen Hülfsmitteln.

So wie man in Ermanglung schriftlicher Urkunden die Existenz eines ehemaligen Rit-
terstzes oder alten Schlosses, aus dessen übriggebliebenen Mauern, Gräben und Thürmen er-
weist; so muß man auch hier zu Werk gehen. — Ganze Gegenden; nicht etwann ein ein-
ziger Name — ich erinnere dies wegen derer, die vielleicht jedes einzelne ähnliche
Wort sogleich für einen Beweis halten möchten [1], — übergebliebene Sitten, Meynungen,
Aberglauben, Gebräuche, müssen, in gehörige Verbindung gebracht, die Stelle schriftlicher
Beweise vertreten. Denn diese fehlen ganz, weil es der alten Heidenbekehrer, wenigstens
der in unsern Gegenden, Sache gar nicht war, über die vorgefundenen Götzen ihrer neubekehr-
ten ein Protokoll zu führen. Diesen heiligen Männern, die öfters selbst nicht schreiben konnten, war es schon genug, wenn sie nur Heidenseelen von dem bevorgestandenen Fegfeuer und
der Hölle errettet hatten, — und konnte ja einer unter ihnen schreiben, oder fühlte wohl gar
den Beruf, Schriftsteller, das heißt Chroniken und Legendenschreiber zu werden, so war diesem alten Graubart insgemein ein Comet, ein Blutregen, ein erschienenes Gespenst, oder
ein neues Wunder seiner Heiligen weit bemerkungswerther, als die alten Sitten, Religions-
meinungen und Gebräuche seiner Landsleute. Ja nicht genug, nichts davon zu erwähnen,
so suchte man vielmehr alle Spuren ehemaligen Heidenthums ganz zu vertilgen, und von
heiligen Eifer entbrannt, die heidnischen Tempel, Opferaltäre und Bildsäulen eigenhändig zu
zertrümmern.

Da uns also unter diesen Umständen kein anderer Weg, als der erst angezeigte übrig
bleibt, warum wollen wir ihn nicht betreten? — doch nicht deßwegen? weil er mühsam ist.
Oder glauben wir etwann, die Musen unsrer Voreltern werden uns die Urkundenbeweise von
ihren Religionsmeynungen, Sitten und Gebräuchen mit der Zeit schon noch in die Hände liefern? In diesem Fall wären dann freilich alle weitere Bemühungen vergeblich; — da aber
Wunder und ausserordentliche Offenbarungen in unsern Zeiten immer seltener zu werden anfan-
gen, so heißt dies, nach meinem geringen Dafürhalten, nichts anders, als so lange noch
warten wollen, bis die wenigen von ihrem Daseyn noch vorhandenen Spuren, vollends ver-
tilgt sind. — Doch ich komme von dieser Ausschweifung wieder auf Berneck zurück.

III. Ge-

---

[1] Man vergleiche hiemit dasjenige, was ich oben in der Vorrede sagte.

III.

Geſchichte der Gegend und des Amtes Berneck.

Zu der Zeit alſo, da unſre Voreltern noch ungehindert dem Perun dienten, und ohne von einem Verbot etwas zu wiſſen, am Mayn und an der Oelſchniz noch ruhig ihre Todten verbrannten [a], gehörte dieſe Gegend zum Land der freyen Slawen, insbeſondre aber, der Sorben.

Die Prieſter ſtunden bey dieſem Volk in vorzüglichem Anſehen; ſie waren theils ihre Wahrſager, die man bey allgemeinen Volksverſammlungen ſowohl, als auch in Privatſachen zu Roth zog, — theils auch ihre Richter in ſchweren Fällen. Auſſerdem aber hatten unſre Ureltern noch eine Art von Obrigkeit, nemlich den Sudpan, und in der Folge den Grob= voit, der ihnen gewöhnlich das Recht ſprach [b]. — Ackerbau, Viehzucht, Bergbau und Zeidelweide [c] waren ihre Hauptbeſchäftigung, auſſer dieſen auch Krieg, da jeder ſtreitbare Mann Beſchützer und Vertheidiger ſeines Vaterlandes und der väterlichen Religion war.

In dieſer Verfaſſung lebten ſie eine geraume Zeit, länger vielleicht, als ſich mit Ge= wißheit beſtimmen läßt, bis ſolche endlich durch ein eindringendes mächtiges Volk gewiſſer= maſſen zerrüttet wurde.

Dieſe Friedensſtöhrer waren die Franken, denen es unter klugen und beherzten An= führern gelungen war, mit der Keule Nimrods, mehrere an ſie gränzende Völkerſchaften in einen Stall, — das fränkiſche Reich genannt, — zuſammen zu treiben [d]. Dieſe ſuchten nun auch, nach erfolgter Bezwingung der vorliegenden Völker, die öſtlich und nördlich an ſie gränzende Slawen ſich unterwürfig zu machen.

Allein hier fanden ſie die größten Hinderniſſe. Freyheit und Unabhängigkeit war der herrſchende Gedanke bey dieſem Volk, auch in ſeiner Ohnmacht noch. — Denn wenn es gleich, durch mehrere blutige Kämpfe entkräftet, bisweilen unterlag, ſo hatte es doch für Unterwerfung nur ſo lange Sinn, als große Herre in der Nähe waren. Wenn ſich aber die Hauptmacht der gewapneten fränkiſchen Kriegsmänner wieder aus dem Land zog, um ent= weder neue Eroberungen zu beginnen, oder andre unbändige Völker zur Ruhe zu bringen, ſo glaubte man, die Verbindlichkeit Tribut zu geben und treu zu ſeyn, höre nun auf, — weil ſie unrechtmäſſig erzwungen ſey.

C 3   Dieſ

a) Karl der große verbot das ſtrenge Verbrennen der Verſtorbenen bey Todesſtrafe. S. meinen Verſuch 1. Seite 16.

b) Aus den alten Sudpanien (Geſchaften), und Grodvoigtheyen bildeten ſich allmählig die großen Ge= richtsbezirke und Vogtämter, welche zu den nachher ſo

benannten Veſten gehörten, unter welche Berned, wie in der Folge erhellen wird, auch zu rechnen iſt.

c) Bienenzucht.

d) Man verzeihe mir dieſen Ausdruck; die Erobe= rungen der fränkiſchen Könige hatten wirklich viel Aehn= liches mit dieſem Bild.

Dieß bewog daher Carl den Großen und seine Nachfolger, die Slawische Gränze, gegen das heutige Böhmen und Sachsen zu, einem eignen Befehlshaber zu übergeben, welcher die gemachten Eroberungen behaupten und wider die angränzenden noch unbezwungenen Völker vertheidigen, theils auch gelegentlich erweitern sollte *). Diese angesehenen Personen, welche das Aufgebot in der ganzen Provinz hatten, — denn im Nothfall mußten ihnen alle nahgelegne Gauen mit ihren Grafen zu Hülfe ziehen, — nannte man Markgrafen oder auch Herzoge, und übertrug dieses Amt größtentheils Herren aus mächtigen Familien, die in der Mark selbst schon viele eigenthümliche Güter besaßen, und der Verfassung, Sprache und Landessitte kundig waren †), wie z. B. die Markgrafen vom Henneberg-Babenbergischen und Schweinfurtischen Stamm.

Durch diese neue Einrichtung änderte sich nun auch das zeitherige Verhältniß, und die Slawen von Berneck sahen sich endlich genöthigt, gleich andern, den Herzog der Sorabischen Mark für ihren Befehlshaber zu erkennen.

Noch länger aber verzögerte sich ihre Bekehrung zum Christenthum. Den Bischöfen zu Würzburg war zwar die Bekehrung der auf dem Gebürg wohnenden Slawen mit aufgetragen worden; allein bey ihrem zu großen Kirchsprengel und den ansehnlichen Stiftungen und Pfründen in dem fetten Franken, bekümmerten sie sich wenig um die Religion der Bewoh-

---

*) Diese Herren thaten insbesondre das letzte sehr gerne, weil sie im Grund dadurch größtentheils für die Vergrößerung ihrer eignen Macht und Landesdistrikte arbeiteten. Denn gemeiniglich wurde ein solcher Gränzgraf, um seine Verdienste zu belohnen, mit dem, was er von dem Feind erobert hatte, beschenkt. Außerdem aber hatten diese Herren bey ihrer großen Macht und Ansehen noch mehrere und noch gebilligtere Mittel in der Hand, ihre eigenthümlichen Besitzungen und Einflüsse zu erweitern, nemlich theils durch den Anbau wüster Gegenden ihres Distriktes, theils auch vorzüglich auf dem Weg der Traktaten, denn wenn der Herzog der Sorabischen Mark, es sey auf eine Art, welche es wolle, einen solchen Sadpan oder Erbvoigt zu gewinnen wußte, so brauchte es nicht viel Mühe mehr, das Volk des ganzen Distriktes, welchem dieser vorstund, auch zu gewinnen. Daher ist sich größtentheils die *Magnitudo terrenae potestatis* und die *Subjectio regionum* der Markgrafen von Babenberg, wie sich Regino und andre alte Schriftsteller darüber ausdrücken, zu erklären. Doch ich gedenke mich, diesen wichtigen Punkt hier nur kürzlich berührt zu haben, weil ich ihn in der Fortsetzung meines Versuchs über die ältere Geschichte des Fränkischen

Kreises, welcher vorzüglich der Geschichte der Sorabischen Mark gewidmet ist, und aus bald im Druck erscheinen wird, umständlich erörtert habe; und bemerke nur noch im Vorbeygehen, daß aus den Erbvoigten und Sadpanen die nachherigen großen und reichen Dynasten und Grafen, welche wir in unsern Gegenden in der Folge als Besitzer großer eigenthümlicher Landesdistrikte finden, allmählich sich bildeten.

†) Eine Stelle aus den Annal. Fuld. ad an. 849. erläutert den Punkt des Zutrauens, welches die Slawen gegen Herren, die ihrer Sitten und Landesart kundig waren, hegten, ungemein schön, daß ich mich nicht enthalten kann, sie hier als eine allgemeine Stelle anzuführen. Es heißt nemlich daselbst: *Boemanni more solito fidem mentientes, contra Francos rebellare moliuntur. Ad quorum perfidos motus comprimendos Hermanus Dux partium illarum (Ernst war ein Baier) comitesque non pauci cum exercitu copioso mittuntur. Barbari vero pro securitate sua obsides daturos et imperata facturos, per legatos ad Thaculfum directos promittunt, cui prae caeteris credebant, quasi scienti legis et consuetudinis Slavicae gentis. Erat quippe Dux Sorabici limitis, etc.*

wohner des rauhen Gebirglandes *). Unsre Voreltern verbrannten daher noch immer ihre Todten, feyerten ihr jährliches Erndtefest nach der Weise ihrer Väter; und wenn auch gleich hie und da, durch einen rüstigen Mönch aus Fulda, Würzburg oder Forchheim, — der sich mit dem christlichen Vorsatz, Heiden zu bekehren, bisweilen hieher verirrte, — die heilige Maria etwas bekannter zu werden anfieng, so verehrte man, statt dieser, doch immer noch lieber seine Göttin Zisa, oder die Elota Baba *).

Kaiser Heinrich der Heilige, welcher den heidnischen Greuel der Bewohner dieses Landes nicht ohne Jammer mehr ansehen konnte, stiftete daher zu Bamberg, welchen Ort er vom Kaiser Otto schon in seiner Jugend geschenkt erhalten hatte, im Jahr 1007 ein eignes Bisthum, und übertrug den Geistlichen desselben die Ausrottung des Heidenthums der Slawen auf das nachdrücklichste *).

Nun kamen auch hier die goldenen Zeiten für die christliche Clerisey; man taufte und firmelte durchs ganze Land, — Zerstörte die Götzenaltäre, und stellte dafür die Bildnisse der Heiligen auf. — Der Perun mußte nun dem Christenthum weichen; und bey diesem allgemeinen Umtausch errichtete man insbesondre zu Berneck, in der Nähe des ehemaligen Heidentempels, eine Kirche dem heiligen Nicolaus zu Ehren.

Den Heidenpriestern wurde nun ihr Amt gelegt, und dafür ein eigner Pleban, oder Pfarrer, angestellt, welcher unter das Landkapitel von Stadtkronach *) gehörte, und das Werk der Bekehrung gar vollenden half. In der Folge kamen durch die Stiftungen nunmehr

---

g) Bischof Arnold von Halberstadt rührt deswegen
in einem, in Ludwigs Scriptor. Rer. Bamberg. I.
p. 1116 befindlichen, und an den Bischof von Würzburg
gerichteten denkwürdigen Schreiben das Gewissen des letztern sehr stark. Er sagt nemlich daselbst unter andern:
Sanctis patribus, praedecessoribus vestris, vt audi-
vimus, non inhonestum, sed valde honestum et vtile
visum est, in locis sibi commissis, postquam in tan-
tum crevit ecclesia, vt ipsi eam circuire et obserrare
non valerent, alios sibi substituere sacerdotes, et ex
vno episcopatu duos aut tres facere, vt quod vnus
minus posset, a duobus aut tribus cumulatius suplere-
tur. Sed iam errorum plena sunt omnia. Illi totam
operam suam pro animabus lucrandis insumebant;
nos, quomodo corpora foveamus, satagimus. Und weiterhin sagt er insbesondre in Bezug auf diese Gegenden: Nonne memoraris quod in priore anno (1006)
ad eundem locum Babenberg nobis equitantibus, me
advocato ad te, huiusmodi sermonem, quasi praesci-

ros habere cupibili. Si rex ibi facere vellet episcopatum, facile illum ecclesiae tuae, quod sibi vtilius
esset, posse tribuere, te parvum inde fructum habere,
totum illum terram pro afiam esse, Selavos ibi ha-
bitare, te in illa longinqua vel numquam vel raro ve-
nisse.

h) S. meinem obenangeführten Versuch etc. L. 68.

i) In der von allen Schriftstellern ausgestellten Errich-
tungs-Urkunde über das neuerrichtete Bisthum Bamberg (de ann. 1007 Indict. V. Kal. Novemb.) heißt
es ausdrücklich: Heinricus magnus — disposuit,
vt deum sibi heredem eligeret, et episcopatum in
honorem sancti petri, in quodam suae paternae here-
ditatis loco Babenberc dicto ex omnibus suis rebus
hereditariis construeret, vt paganismus selavorum de-
strueretur, et christiani nominis memoria perpetuali-
ter inibi celebris haberetur.

k) S. unter andern Würdtweins Nova subsidia di-
plomatica, Tom. VII. p. 208.

mehrigte chriſtlichen Slaven; noch ein eigner Frühmeſſer und Altariſt hinzu [1], die aber
bey der Reformation wieder abgiengen; denn ſeit dieſer Zeit beſorgt ein proteſtantiſcher Pfarrer und Caplan den Gottesdienſt des Städtchens Berneck und der herumliegenden Ort-
ſchaften.

Wir können nun mit ruhigem Gemüth die Kirche und ihre Schaaſe verlaſſen, da durch
den Eifer ihrer Diener der Götzendienſt glücklich zerſtöhrt und der davon noch übrig gebliebene
Aberglaube größtentheils ausgerottet iſt; da nun in den Gegenden ehemaliger heidniſcher
Greuel, nach der unveränderten Augsburgiſchen Confeſſion rein und lauter gelehrt und gepre-
diget wird. Getroſt wenden wir uns daher wieder zum weltlichen Arm.

Nach Abgang der Herzoge der Serabiſchen Mark finden wir den Ratenzgau, welcher nunmehr in ſeiner größten Ausdehnung das ganze land von Bamberg aus bis an das
Fichtelgebürg in ſich begriff [m], in mehrere Grafſchaften, welche Eigenthum waren, ver-
theilt. Unter dieſe gehört auch vorzüglich die Herrſchaft Blaſſenberg, deren Beſitzer
die alten Grafen von Blaſſenberg ſich noch in Urkunden des zwölften Jahrhunderts ausdrücklich Grafen im Ratenzgau nennen [n].

Dieſer beträchtliche Bezirk, welcher durch die Verlaſſenſchaft der Grafen von Giech-
burg [o] ungemein erweitert worden war, und mehrere, jezt Bambergiſche Aemter, in ſich
faßte [p], fiel endlich durch Erbrecht auf die Grafen von Andechs und nachherigem Herzoge
von Meran.

Allein dieſe Familie ſtarb ſchon im Jahr 1248 mit Otto dem Jüngern aus. Ein
großer Theil ihrer Güter kam daher an das Hochſtift Bamberg, an die Burggrafen von
Nürnberg und an die Grafen von Orlamünde rc. Die leztern, welche in der Gegend
ſchon anſehnliche Stamungüter hatten [q], erhielten in der Erbtheilung das Schloß Blaſſenberg

---

1) Eigentlich waren zu Berneck drey Meſſen geſtif-
tet; nemlich die Frühmeſſe, die Mittelmeſſe und die
ewige Meſſe; von den zwey leztern, als Waſſerwohl-
ſchen Stiftungen, werde ich weiter unten reden.

m) Der Ratenzgau war anfänglich viel kleiner; zu
Ende des neunten und in den folgenden Jahrhunderten
aber, erſtreckte er ſich von Bamberg aus längſt dem
Ufern des Mayns bis zu ſeinen Urſprung hinauf. Ja
man findet ſogar die heutigen Bambergiſchen Orte: M.
Schorgaſt, Kupferberg, M. Neugaſt, Thornes und
Enchenreuth, diplomatiſch im Ratenzgau.

n) So heißt es z. B. in einer Urkunde vom Jahr
1149 reliquum vero eius (Reginbodonis de Gich-
burg) hereditatem, in comitatu, pretaxati comitis

Berchtolfi de Blaſſenberg, in pago, qui dicitur Retens-
gowe, ſitam. etc.

o) Die heutigen Herren Grafen von Giech ſtam-
men von dieſem Geſchlecht nicht ab, denn es ſtarb mit
Reginbodo in der männlichen Linie aus, und die Güter
des leztern fielen nach ſeinem Tod durch deſſen Erbtoch-
ter Cunihe an den Graf Berchtolf von Blaſſenberg,
welcher mit ihr vermählt war.

p) J. B. Giech, Lichtenfels, Miſelsfeld, Walden-
fels rc.

q) Dieſer Umſtand iſt erſt neuerlich in einer ſehr
gründlichen Abhandlung über Lauenſtein, welche im 1ſten
Band des kelleriſchen fränkiſchen Archivs befindlich iſt,
Seite 58 wider Falkenſtein und deſſen Rechtderer ins
Licht geſetzt worden.

berg nebst dem dazugehörigen Distrikt, den man von der Hauptveste noch immer die Herrschaft Blassenberg nannte.

Nach hundert Jahren wurde aber auch diese Orlamündische Besitzung, zu welcher Berneck gehörte, mit dem Land der Burggrafen von Nürnberg vereinigt. Graf Otto von Orlamünde, Herr dieses ansehnlichen Gebiets r) lebte nemlich mit seiner Hausfrau, Cunigunde, bereits seit mehreren Jahren in kinderloser Ehe s). Burggraf Johann, von dessen Land diese Herrschaft auf der einen Seite beynahe völlig eingeschlossen wurde t), war zwar mit ihm genau verwandt u), und er hatte schon dadurch die nächste Anwartschaft auf dessen Erbe. Allein der Meranische Erbfall, welcher seinem Grosvater und den übrigen rechtmäsigen Erben so viel Verdruß gemacht hatte, war ihm noch nicht aus dem Sinn gekommen. Er suchte daher seinen Oheim dahin zu bewegen, daß er ihn durch eine Urkunde, die freilich mehr einem Kaufbrief als einem Testament ähnlich sieht, den künftigen Besitz seiner Güter versicherte. Er hatte nemlich an diesen Graf Otto vier hundert Pfund Haller, eine für die damaligen Zeiten sehr ansehnliche Geldsumme, ausgezahlt, wofür ihm dieser, mittelst eines am Palmabend des 1338sten Jahrs ausgefertigten Ueberschreibbriefs, nicht nur die Stadt Culmbach, nebst mehreren Dörfern auf Wiederlösung sogleich einräumte, sondern auch mit Einwilligung seiner Gemahlin, auf den Fall, wenn er ohne männliche Nachkommenschaft mit Tod abgehen sollte, zum Erben seiner übrigen Güter einsezte, unter welchen die Veste Berneck ausdrücklich benannt wird.

Auch dieser Vorfall mag einen neuen Beleg jenes historischrichtigen Satzes abgeben, daß das Haus Brandenburg alles durch sich selbst ward. Wenn Glück und Zufall manche teutsche Fürstenhäuser beynah' einzig emporhob, und ihnen große Fürstenthümer, ja selbst Königreiche, durch Erbschaften und reiche Heurathen verschwenderisch zuwarf; so mußte sich dieses Haus

r) Die heutige Amtshauptmannschaft Culmbach ist nur ein Theil dieses Gebiets, denn es erstreckte sich beynah auf allen Seiten weiter hinaus.

s) Ohngeachtet alle vaterländische Geschichtschreiber für gewiß behaupten, dieser Herr habe gar keine Kinder gehabt, so scheint es mir doch nicht so ausgemacht zu seyn. Vielmehr sollte man aus dem unten beygebrachten Verzichtsbrief vom Jahr 1341, dafürhalten, die darinn vorkommende Podica wäre die Gemahlin eines frühzeitig verstorbenen Sohns dieses Otto gewesen.

t) Da man durch verschiedene neuere Aufsätze veranlaßt werden könnte, zu glauben, die Burggrafen von Nürnberg hätten vor dem Erwerb der Herrschaft Plassenberg noch gar nichts in dem heutigen Oberland besessen, so halte ich es für nöthig, hier zu erinnern, daß sie bereits Dorf- und Lehenherren über das große Regnitzland oder die heutige Landeshauptmannschaft Hof, über die Herrschaft Bayreuth, Creußen, über den großen Distrikt, der zur Veste Wunsiedel gehörte, ingleichen über die Aemter Zwernitz, Rauhenkulm ꝛc. waren.

u) Der Ausdruck Oheim, wie Burggraf Johann in seinem Revers vom Jahr 1338 und in mehreren Urkunden diesen Otto nennt, ist keine bloße Titulatur, denn die Orlamündische und Burggräfliche Familie verheuratheten sich immer untereinander. Von einer Erbverbrüderung dieser Familien vor dem Erwerb der Herrschaft Plassenberg, ist mir aber nichts bekannt.

Haus durch eine wohlgeordnete Wirthschaft erst Summen ersparen, um höhere Ehrenstellen, ja selbst Erbschaften näher Anverwandten zu erkaufen, wie das erste bey dem Erwerb der Chur Brandenburg der Fall war, und letzteres unter mehreren Belegen auch der Erbkauf der Herrschaft Plassenberg bestätigt. —

Graf Otto von Orlamünd starb bald nach diesem Verfall, und Burggraf Johann nahm nun von seinem erkauften Erbgut, Besitz. Denn schon im Jahr 1341 (Samstags nach Walburgis) that Poste von Swerebkz in Rücksicht der Forderung, die Frau Pobika, verwittwete Gräfin von Orlamünd, wegen ihres Heurathsguths auf die Häuser Perneck, Trebgast, Memmersdorf und auf die Stadt Culmbach hatte, vor dem kaiserlichen Hofgericht zu Landshut, zu Gunsten des Herrn Burggrafs, auf die erstgenannten Orte gänzlichen Verzicht.

Albrecht der Schöne, mitregierender Bruder von Johann, hatte an dieser Erwerbung keinen Antheil. Beynah' alle Schriftsteller vom Haus Brandenburg behaupten zwar das entgegengesetzte; allein ihre Angabe wird theils aus dem unten im Anhang beygefügten Kaufs- und Verzichtsbrief [v], in welchem nur Burggraf Johann als Contrahent erscheint, widerlegt; als auch aus dem Burghäuser Vertrag vom Jahr 1341, in welchem sich zwar die beiden Brüder zur ferneren gemeinschaftlichen Regierung in ihren Stammgütern verbanden, aber in Ansehung der Herrschaft Plassenberg dahin übereinkamen, daß solche dem Burggraf Johann und dessen Erben, welcher solche für sich erworben habe, ausschließlich zugehören solle [x].

Dieser Fürst ist also alleiniger Erwerber; und verdient deßwegen die lebhafteste Dankerinnerung seines Hauses, wenn er auch nicht ausserdem, durch den ersten Schritt, welchen er seinen Nachkommen zur Chur Brandenburg bahnte [y], schon gerechte Ansprüche darauf hätte.

Man würde indessen sehr irren, wenn man, durch die Worte Haus oder Veste verleitet, nur den Erwerb auf abgesonderte bloße Gebäude oder einzelne Ortschaften einschränken wollte [z]. Denn nach der Sprache des Alterthums werden unter diesem Ausdruck gemeiniglich

v) Siehe unten die Beylage N. I. und II.

x) Es heißt unter andern in diesem Vertrag: die Herrschaft Plassenberch, vnd swaz dar zu gehöre, als si vns vorgenannten Grafen Johans, vnd vnser fern Erben von Grafen Otten von Orlamünd seligen todes wegen angevallen sein — — — sullen uns dem vorgenannten Grafen Johans vnd vnsern etlichen Sünen an alle hindernüsse ledicli vor anz werden, volgen vnd gevallen etc.

y) Dieser Burggraf Johann wurde mittelst Bestallungsbriefes d. d. Montags vor Himmelfarth 1346 vom

Kaiser Ludwig zum Statthalter der Mark Brandenburg verordnet. Seine gute Verwaltung gab in der Folge Anlaß, daß Kaiser Sigmund wieder einem Herrn aus dem burggräflichen Haus, nemlich dem nachherigen Churfürst Friedrich dem ersten von Brandenburg diese Mark anvertraute. S. übrigens Gundlings Leben Friedrichs I. Seite 28.

z) Da man in ältern Zeiten die Kenntniß der vaterländischen Geschichte und der Alterthümer der her schaftlichen Arbeiten für überflüssig hielte, und sie daher zu erwerben vernachläßigte, so wurde man, weil man

lich ganze geschlossene Landesbistrikte, über welche die Besitzer einer solchen Veste alle landes-
herrliche Rechte hatten, verstanden. Berneck war auch ein solches Gebiet; welchen Punkt
unter mehreren gleich nach dem Anfall ausgestellten Urkunden, auch diejenigen erweisen, welche
in Ansehung des für jeden Verehrer des großen Hauses Brandenburg so denkwürdigen
Ehebündnisses zwischen dem Sohn des Erwerbers und Elisabeth, einer gebohrnen Land-
gräfin von Thüringen *), ausgefertigt worden sind **). Denn in diesen wird ihr die Veste
Plassenburg, die Veste Berneck, die Stadt Culmbach ꝛc. als Leibgeding und Witthum verschrieben, und hier erscheint diese Veste schon als ein eignes Amt, welches Conrad von Bi-
bra als erster burggräflicher Amtmann verwaltete ᶜ).

Indessen blieb Berneck, wenn es auch gleich ein eignes Amt ausmachte, doch noch
immer in gewisser Verbindung mit der Herrschaft Plassenburg ᵈ). In dieser Eigenschaft erscheint

D 2

man den ächten Sinn des Worts Veste oder Haus nicht
gefaßt hatte, und es mit Fluß ꝛc. für gleichbedeutend
hielt, zu der sonderbaren Meinung verleitet, das Land
der Burggrafen sey nur aus einzelnen Gütern zusam-
mengekauft worden. — Die Herrschaft Plassenburg,
Bayreuth, Wunsiedel, das große Anspach: Land und
die übrigen Aemter, welche mit ihren Vesten zugleich
erkauft wurden, sind doch wohl nicht einzelne Güter
oder Dörfer. — Wie lange wollen wir noch einer Wil-
re, die in der Unwissenheit älterer Zeiten ihren Grund
hat, nachbeten ? ? ?

a) Das burggräfliche Haus stand damals gerade auf
dem Punkt, auszusterben, denn Albrecht der Söhne
Vater keine männliche Erben und sein Bruder Johann hatte nur einen einzigen Sohn, Friedrich, welcher sich
im Jahr 1350 mit der oben erwähnten Elisabeth ver-
mählte. Diese, seine liebe Hausfrau, denn so nennt
er sie in allen Urkunden, worinn ihrer gedacht wird, ge-
bar ihm eilf Kinder.

Wie denkwürdig nicht dem Patrioten dieses gesegnete Ehebündniß seyn muß, wenn er erwägt, daß, wenn
Elisabeth unfruchtbar gewesen wäre, wir nicht gehabt
hätten Friedrich den einzigen und alle die großen
Männer des Hauses Brandenburg. — Wie werth
wird uns nicht erst Burggraf Friedrich, wenn man ihn
denkt als den Hauptring und als das einzige Glied, welches zusammen mit die große Regentenreihe von Thassilo
bis auf Friedrich Wilhelm den gütigen und glorrei-
chen!

b) Siehe unten die Beylagen N. III. und IV.

c) S. die Beylage N. III. Seit dieser Zeit findet
man folgende Amtleute, nemlich:

1) Conrad Tobiach 1350.
2) Heinrich von Lindberg 1375.

3) Arnold von Wallenrode und Hans,
sein Bruder.

4) Seit von Waldenrode 1448.
5) Peter von Redwitz 1491.
6) Hans Coler 1530.
7) Siegmund von Wirsberg 1548.
8) Sigmund von Giting 1550.

besoldete Diener.

Hatten seit 1406 die Amtmann-
schaft pfandweise.

besoldete Diener.

Außer diesen Personen verwaltete auch noch Lasten-
sondre ein eigner Castner und Vogt dieses Amt, welches sonst weit größer als jetzt, war; da es auch den
Geschrecker Gerichtsbezirk in sich begriff. Im Jahr
1427 aber, wurde das heutige Jurisdictions-Amt Gefrees von Berneck abgerissen, und seit dieser Zeit findet man einen besondern Vogt oder Jurisdictionsbeam-
ten zu Gefrees, mit welchem Amt, da im Jahr 1604
das Castenamt von Berneck nach Gefrees (wo es sich
noch gegenwärtig befindet) verlegt worden war, auch die
Castners-Stelle verbunden wurde. Ich würde übrigens
ein chronologisches Verzeichniß aller dieser Herren Beamten hier beygefügt haben, wenn es nicht für eine Note
zu groß gewesen wäre.

d) Daher gehörte es bis zur Entstehung eines eignen Oberamtes immer noch unter die Amtshauptmannschaft Culmbach. Im Jahr 1668 aber finde ich den ersten Oberamtmann in der Person Urban Jacobs von
Laineck, auf welchen im Jahr 1670 Philipp Christian
von Thüna folgte.

ſcheint es z. B. bey der im Jahr 1398 erfolgten Landesübergabe, wo ſich Friedrich der Aeltere unter den Schlöſſern und Gütern, die zur Herrſchaft Plaſſenburg gehörten, das Amt Perneck ausdrücklich mit vorbehielt [e].

Nach dieſes Herrn Tod aber, wurde dieſe ganze Herrſchaft mit allen ihren Aemtern ein Theil eines beſondern Landes, welches einen eignen Beherrſcher hatte. Doch dieſer höchſtwichtige Punkt, über welchen alle unſre Landesgeſchichtſchreiber flüchtig hinweggegangen ſind, würde vielleicht für mehrere Leſer unverſtändlich ſeyn, wenn ich hier nicht etwas in die ältere Hausgeſchichte zurück gienge.

Seit jener erſten unglücklichen Theilung zwiſchen Friedrich II. und Conrad den Frommen, wodurch dem burggräflichen Haus die ſo anſehnliche Graffſchaft Abenberg, die ſchöne Herrſchaft Wirnsberg und noch viel andre beträchtliche Güter mehr, einer ärmlichen Seelenmeſſe wegen, auf immer entriſſen worden waren, hatte man nemlich angefangen, die Länder mehr zuſammen zu halten. Um Zerſplitterungen des Ganzen und ſchädliche Veräuſſerungen zu verhüten, fieng man nun an, eine Hausordnung zu beobachten, nach welcher zwar immer zwey regierende Herren waren, die aber in Gemeinſchaft aller ihrer Stammgüter blieben. So regierten die beiden Brüder Johann I. und Friedrich IV. zuſammen; ſo die Brüder Johann II. und Conrad [f]. So verſprachen ſich nach Conrads Abſterben die beiden Brüder, nemlich der erſtgenannte Johann und Albrecht im Burghäuſer Vertrag vom Jahr 1341, daß ſie in unzertheilter Herrſchaft ihres väterlichen und mütterlichen Erbes beyſammen ſitzen, und ihrer Gemahlinnen Morgengabe, Brautſchatz und Wiederlegung ſich wechſelsweiſe auf dieſe ihre gemeinſchaftliche Schlöſſer und

Städte

---

e) Es heißt in der in Bayreuth am nächſten Mitwoche vor dem Palmentage 1397 darüber ausgefertigten wichtigen Urkunde unter andern: Zum erſten. das
wir Friedrich der Elter obgemanter fürbas unſer Lebtag zu Plaſſenburg ſitzen und wonen wollen, und
auch dieſelben Herſchaft Plaſſenburg mit aller ir zugehörung fürbas unſer Lebtag für uns ſelber haben
und nieſſen wollen. mit namen Culmnach die Stat.
Perneck haws und Stat. Mittelberg die veſten und
alle ander Gloß und guter die zu der Herrſchaft Plaſ
ſenburg gehören. und dorzune gelegen ſeind. wie
dieſelben guter alle und ir igliches beſunder namen
haben, und gewinne mugen. Es ſeind dorffer.
merkte. hofe. forwerg. bude. leben. Selbenhewſer.
welde. forſte. holzer. fiſchwaſſer. ſtend und flieſſen
die weyer und weyerſtete. mul und mulſtete. Pergwerg. Seiffenwerg. weingarten ziehend groß und
clein. Schefferey. wiſen und Ecker wunn und weyde
gepawet und ungepawet. beſucht und unbeſucht. ob
und vnter der Erden. nichts außgenommen wo das
gelegen oder wie das alles genant iſt. an allen gewerb. mit allem recht. nutzen und rechten. freuhlten
ſten. Gerwtrit. weiſatten. halßgerichten und andern
gerichten. gerichtewan. wildpann. geleigen. zollen.
vogtreyen. geit zinſſen. und getreidguten und allen
andern rennten ſelten und nutzen gewonlichen und
vngewonlichen. etc.

f) Der um die vaterländiſche Geſchichte ſowohl, als
auch um die allgemeine teutſche Reichsgeſchichte ungemein verdiente Herr RegierungsRath Spieß, mein
verehrungswürdiger Gönner, hat dieſen bisher faſt
von allen Brandenburgiſchen Schriftſtellern übergangenen Punkt, daß Conrad würklich regieremder Herr war,
in den ſo ſchätzbaren Archiviſchen Nebenarbeiten I. B.
129 diplomatiſch erwieſen.

Städte versichern wollten rc.; und ohnerachtet diese Verbindlichkeit anfangs nur sechs Jahre dauern sollte, so blieben sie doch, weil sie den Nutzen dieser gemeinschaftlichen Regierung immer mehr einsahen, in großer Einigkeit ungetheilt beysammen. Nachdem Johann im Jahr 1357 gestorben war g), so bestätigten die beiden Vettern, der vorgenannte Albrecht und seines verstorbenen Bruders Sohn Friedrich, nicht nur im Jahr 1357 den Burghäuser Vertrag in Ansehung ihrer eigenthümlichen Stammgüter, sondern versprachen sich auch noch überdies, mittelst einer besondern Urkunde, alle ihre Reichslehen gemeinschaftlich zu empfangen.

Durch die Beobachtung dieser weisen Hausordnung hatten sie seither alle der Größe des Hauses nachtheilige Versplitterungen verhütet, hatten noch überdies, da durch Gemeinschaft der doppelte Aufwand, den abgetheilte Regierungen erfordern, wegfiel, durch gute Versorgung ihrer Kinder beiderlei Geschlechts, und weise Maasregeln in Rücksicht ihres Erbes, ihre Einkünfte und das Land so ansehnlich erweitert, daß nun aus einem großen Fürstenthum recht gut zwey stattliche Fürstenthümer entstehen konnten. Im Jahr 1358 theilten sich daher schon die beiden Vettern Albrecht und Friedrich einigermassen h); allein das Ganze wurde nach dem drey Jahre darauf erfolgten Tod des erstern, schon wieder in der Person Friedrichs vereinigt; dessen Söhne aber die erste vollkommene Theilung vollzogen.

Ihr Vater gab ihnen eigentlich selbst dazu Gelegenheit, denn gleich nach der Geburt seines zweiten Sohns, des nachherigen Churfürsten Friedrich I., errichtete er ein Testament, worinn er seine Gattin zur Vormünderin seiner unmündigen Kinder auf den Fall eines frühzeitigen Absterbens erklärte. In dieser wünschte er zwar vorzüglich, daß man nach seinem Tod die alte Gemeinschaft, welche seither so nützlich geworden war, fortsetzen möchte. Sollten aber Mißhelligkeiten entstehen, und seine Söhne und nächsten Freunde eine Theilung für zuträglicher halten, so verordnete er auf diesen Fall, daß sein hinterlassenes Land gleich getheilt werden sollte; indessen, wenn ihm auch noch mehr Kinder männlichen Geschlechts nachgebohren würden, so sollten nur zwey regierende Herren seyn, nemlich einer auf dem Geburg, und einer in Franken i). Ein gleiches verordnete er auch in seiner Disposition vom Jahr

D 3

1385;

---

g) Eine ausführliche Abhandlung über den im Jahr 1357 erfolgten Tod dieses Herrn, welchen alle Geschichtschreiber erst in das Jahr 1358 setzen, haben wir aus der Feder des in der vorstehenden Note angeführten Herrn Verfassers, nächstens im Druck zu erwarten.

h) Sie traten sich nur wegen einiger Stücke auseinander, es ist dies daher keine eigentliche Theilung zu nennen.

i) In diesem zu seiner Erbhuldigung 1382 errichteten letzten Willen sagt dies Friederich mit folgenden Worten: „Wer aber das unser Gut zu irren tagen kommen werten, und ein teylung muß geschehen, und die Vormunde Gy ein ander nicht lenger behalten möhten ungeteilet. So schicken und schaffen wir und wellen, daß man das nyder Lande zu franken, und das oberlande auf dem Geyurg und vor dem walde gleich zwen ein ander teylen sol. Also das ein herre auf dem Geyirge und ein herr zu franken sey.

1385; worinn ihm zwar seine damals noch unmündigen Söhne versprachen, daß sie, wenn er indessen sterben sollte, vom Dato der Urkunde an, noch zehn Jahre miteinander in ungetheilter Herrschaft sitzen wollten; wenn aber Mißhelligkeiten entstünden, und ihre nächsten Anverwandten glaubten, daß es nicht räthlich sey, länger beyeinander zu bleiben, so gab er nicht nur die Theilung zu, sondern verzeichnete auch darinn ausdrücklich alle Aemter, welche zu jedem Land insbesondre gehören sollten [k]. Da er aber auch noch diese bestimmte Zeit überlebt hatte, so trat er seinen beiden Söhnen kurz vor seinem im Jahr 1398 erfolgten Tod die Regierung seiner Lande unter gewissem Vorbehalt ab.

Durch diesen Vorfall wurden nun die Söhne veranlaßt, nach der väterlichen Disposition würklich zu theilen. Auf Burggraf Johann den ältesten Prinzen kam die Herrschaft Plassenburg nebst den übrigen Landen oberhalb Gebürgs [l], und Friedrich, dem nachherigen ersten Churfürsten von Brandenburg, wurden die Lande unterhalb Gebürgs zu Theil.

Doch ich kehre wieder von diesem Punkt, der eine weit ausführlichere Erörterung verdiente, auf Berneck zurück.

Die Verwaltung dieses Amts wurde im Jahr 1406 eine Pfandschaft der von Waldenrode: Johann von Waldenrode, Erzbischof zu Riga und Arnold sein Bruder, hatten nemlich an Burggraf Johann eine Summe von 3122 alten rheinischen Gulden vorgeliehen, wofür ihnen das Amt Wirsberg und Berneck amtmannsweise zu besitzen eingeräumt wurde.

---

sei. — — — Wer auch das uns Got mere Sun gebe vnd beriet. von seinen gnaden dann zweyer. So meynen vnd wellen wir. das doch newr zwen Leyen. herren seyn sullen vnd nicht mere. dy vnser Lande vnd Herrschaft erben sullen. ane alles geuerde. x. x."

k) Nach dieser väterlichen Disposition sollten, bey abgetheilten Landen, dennoch einige Hauptstücke in Gemeinschaft bleiben. Er verordnete dies in folgenden Worten; „Mit namen, so haben wir geeindingt vnd gereder, das die Burggrafschafe, die Burge vnd Landgerichte zu Nuremberg, das Gerichte vnd zolle daselbst vnd alle vorffer vnd mere, dy zu derselben Burggrafschaft geborn bei beiden vorgenanten vnsern Sunen vngeteilet sullen beleiben." Ein gleiches verordnete er auch in Ansehung der Bergwerke vnd anderer Städte, die beide fränkische Linien noch so lange in Gemeinschaft besassen.

l) Es erhellet dieser unter mehreren Urkunden auch insbesondre aus dem Slag- vnd Erntler-Brief vom

Jahr 1403, wo dem Burggraf Johann von dem Landgericht zu Nürnberg folgende auf seinen Antheil gekommene Städte und Aemter zugesprochen wurden; nemlich: plassenburg, kulmach, mittelberg, kassendorf, hofe Stat vnd veste, schawenstein, wunstdel, hochenberg, arzberg, münnichberg, ruedolfstein, weyssenstat, epprechtstein, kirchenlömnitz, gefrese, wernneck. Glose vnd Seas, wirsperg Glose vnd markt, goltcronach, raube vnd slechte kulm, die Neustat dortzwischen, kräwsen, frankenberg, Bebeimstein, pegniz mit allen zugehörungen, payerrewt, Newstat Jm förste Jösler, zwernniz, wunugesese, rawhenstein, Tüspruune, osternach, kizingen, kastel, Cleinlancheim beyringsfield, pernheim, brichsenstat, michelfeld, Newstat an der Aysche, wernsperg, dachspach, liebnawe, payrstorf, Erlangen; burggrafschaft vnd herreschafte, die er het zu Nuerenberg, vnd wo derselbe herre icht hete, vnd was zu den obgeschriben guten allen gehört, es weren herrschaft, gerichte, lewt xc.

wurde ᵐ⁾. In solcher Eigenschaft verwaltete die waldenrodische Familie noch dieses Amt unter der Regierung Churfürsts Friedrich I. von Brandenburg; welchem das Oberland nach dem Tod seines Bruders Johann, der keine männliche Leibeserben zurückließ, zugefallen war.

Allein hier fängt sich eine traurige Periode für diese Landschaft an, welche unter burggräflicher Obhut einen beynahe hundertjährigen erwünschten Frieden genossen hatte. Glaubenstyranney und Pfaffentrug hatten in jenen Zeiten, wo noch die Hierarchie mit bleyernem Scepter ganz Europa beherrschte, das bekannte treulose Verfahren gegen Johann Hus, einen etwas zu eifrigen Bekenner reiner Lehre veranlaßt, und dadurch weit aufsehende und für ganz Teutschland gefährliche Unruhen erreget, die unter dem Namen des Hussitenkriegs genugsam bekannt sind. Der heilige Vater für die Aufrechthaltung der alleinseligmachenden Religion wachend, schleuderte über alle Hussiten seinen Bannstrahl, — und als auch dieses grobe Geschütz der Kirche nichts wirkte, so legte er allen christkatholischen Fürsten nachdrücklichst auf, dieses kirchenschänderische vermaledeite Volk ganz auszurotten.

Die Fürsten mußten damals nach ächtgläubiger Sitte gehorchen, und wenn es ihnen von Rom aus befohlen war, in ihren eignen Eingeweiden wühlen. Zu dem Ende sandte der heilige Vater im Jahr 1422 den Cardinal Brando Placentino auf die Reichsversammlung nach Nürnberg, und ließ dem Kaiser unter dem feierlichen Hochamt der Messe die geweihte Kreuzfahne wider die Hussiten überreichen. Sigmund aber gab sie weiter an Marggraf Friedrich und erklärte ihn dadurch zum obersten Heerführer der Reichsvölker.

Dieser Herr, welcher zwar viel tolerantere Gesinnungen als seine übrigen Zeitgenossen hegte, hatte zwar gleich anfangs gelindere Maasregeln angerathen, und um keinen gütlichen Weg unversucht zu lassen, einen Herrn von Seckendorf nach Prag geschickt, der das schwere Geschäft der Aussöhnung mit großer Klugheit versuchte, allein die Sache war schon zu weit gekommen; Churfürst Friedrich, der seinen Freund den Kaiser nicht entgegen seyn konnte, mußte daher die Anführung der Armee wider die Hussiten zum Ruin seiner eignen Lande übernehmen. Diese Kreuzzüge hatten aber, ohngeachtet der Pabst im Jahr 1430 durch den Cardinal Julian Cäsarinus abermals diesem sonst so siegreichen Fürsten in der Sebalder Kirche zu Nürnberg das gesegnete Kreuz und Schwerdte wider die Ketzer feierlichst in die Hände gab, und Ablaß in Menge für die Streitenden ertheilte, doch keinen glücklichen Ausgang. Der Krieg zog sich von Böhmen aus, in das übrige Teutschland, — und die Hussiten fielen, gereizten Hornißschwärmen gleich, in des Marggrafen Land

m) Es heißt dies so viel, als gegen Gewalt der Gerichtsporteln und geringen Frevel im Amt, denn die großen Fälle die Leib und Gut antrafen, die Steuer, Zinsen, Frohn, des Umgeld und die Benutzung der Wälder im Amt behielt sich Burggraf Johann in der darüber ausgefertigten Urkunde ausdrücklich vor.

land, verheerten im Jahr 1431 die meisten Orte des Burggrafthums oberhalb Gebürgs, unter denen sich auch unser Berneck befand.[n], welches noch überdieß durch Hungers-noth und Pest, Gefährten jenes Kriegs, äusserst mitgenommen wurde.

Kaum hatte sich dieser Ort samt der umliegenden Gegend durch die weisen Anstalten seiner Fürsten etwas erholt, als er wieder neuem Unglück unterliegen mußte. Churfürst Albrecht bekam ebenfalls wie sein Vater vom Kaiser Friedrich einen eben so, zum Ruin seiner Länder ausschlagenden Auftrag. Es hatte nemlich Herzog Ludwig von Bayern nebst seinem Vetter Pfalzgraf Friedrich sich der Stadt Donauwerth bemächtigt, und wollte sie aller Befehle und Abmahnungen ohngeachtet, nicht wieder an das Reich zurückgeben. Der Kaiser erkannte daher Execution und ordnete Herrn Marggraf Albrecht zum obersten Feldhauptmann der wider die Ungehorsamen ziehenden Reichsarmee. Dieser tapfere Herr eroberte zwar in Gefolge des kaiserlichen Befehls mehrere feste Orte in der Pfalz am Rhein; sein Land wurde aber dadurch den Einfällen der Böhmen ausgesetzt, welche, vom Herzog Ludwig zu Hülfe geruffen, im Jahr 1462 das obergebürgische Fürstenthum auf das äusserste verheerten und unter andern auch Neustadt am Culm, Weissenstadt und Berneck gänzlich ausbrannten[o].

Diese zwey sehr bald auf einander gefolgten Unglücksfälle würden für diesen Ort, so wie für das ganze übrige Land, von langen traurigen Folgen gewesen seyn, wenn sie sich unter der Regierung eines minder thätigen und für das Wohl seiner Unterthanen minder besorgten Fürsten ereignet hätten. Allein der gleich grosse Vater und Sohn, Friedrich und Albrecht, übten schon damals diejenigen Künste des Friedens aus, durch welche ihr Urenkel, Friedrich der einzige, seine vom Krieg gebeugten Provinzen so bald wieder empor hob[p]. Durch diese war der Wohlstand des ganzen Landes, so wie auch insbesondre der des Amtes Berneck, so gestiegen, daß, als Churfürst Albrecht im Jahr 1479 seinen Sohn Friedrich mit Sophia einer königlichen Prinzessin von Polen verheurathete, dieser das erstermähnte Amt nebst noch einigen für ihr Leibgeding verschrieben und eingeräumt werden konnte[q].

Von dieser Zeit an genoß dieses Amt, dessen Verwaltung indessen auch aufgehört hatte, eine Pfandschaft der von Waldenrode zu seyn[r], einer ungestöhrten Ruhe, bis zu den

n) S. Grossens Kriegshistorie der Fürstenthümer Culmbach und Anspach. Seite 42.

o) S. Grossens Kriegshistorie. Seite 18.

p) Friedrich erließ nicht nur mehreren Orten im Land auf eine geraume Zeit alle herrschaftliche Abgaben, sondern er unterstützte auch die Bebauung der öden Güter durch Vorschüsse, unentgeltliche Abgabe des Bauholzes ic, Ingleichen zog er mehrere fremde Fabrikanten ins Land,

um es wieder in Aufnahme zu bringen; über welchen letztern Punkt ich vielleicht an einem andern Ort ausführlich zu reden Gelegenheit haben werde. Ein gleiches that auch Albrecht.

q) Die Pacta dotalia, worinn Ihr dieses Amt verschrieben wurde, sind schon vom Jahr 1475. d. d. Posnanie. Dominica proxima ante festum S. Hedwigis.

r) Siehe oben Seite 27. Note c.

den unruhigen Zeiten Albrechts des Kriegers, wo es mit dem übrigen Land den Verheerungen der Bundsstände ausgesezt war. Aber mit Georg Friedrichs glücklichem Regierungsantritt verbreitete sich neues Leben und neue Thätigkeit durch alle Theile der Staatsverwaltung. Berneck fühlte auch den günstigen Einfluß dieses weisen Fürsten. Durch seine Unterstützungen wurden die öden Güter wieder bebaut und den Einwohnern durch Wiedereröffnung der Bergwerke und andre Mittel aufgeholfen.

So übergab er das Land seinem Regierungsnachfolger dem Marggraf Christian; und ohnerachtet der bald darauf ausgebrochene dreyßigjährige Krieg auch hier traurige Spuren zurückließ [*], das Städtchen Berneck in diesem Jahrhundert zweymal abbrannte [†] und mehrere eingehörige Orte ein Raub der Flamme wurden: so half sich diese Gegend durch den allzeit regen Fleiß ihrer Bewohner allmählig selbst wieder auf, so daß sie nun schon seit geraumer Zeit einen erwünschten Wohlstand genießt.

IIII.
Die Weste Berneck.

Ganz vorne am Abhang des sogenannten Schloßbergs bey Berneck, stehet noch ein ungemein hoher vierecktigter Thurm, dessen feste Bauart der Zeit und Witterung schon seit Jahrhunderten trozt, — um ihn her liegen noch Trümmer von nunmehr unkenntlichen Gebäuden, die nur unsicher der Fuß des neugierigen Reisenden, des Forschers oder des einsamen Hirten betrit.

Sonst weit belebter, als man hier ernstes Gericht hielt und der arme Mann [*] hieher zinsen und frohnen mußte, oder als biedre Ritter bey frohem Becherklang traulich beysammen saßen, von Zehden, Thurnieren und Dänken; oder vom heiligen Grab, vom Sarazenenkrieg und den übrigen Ebentheuern im gelobten Land sich erzählten [†], während der Boden vom lermenden Tanz ihrer Töchter und rüstiger Knappen ertönte. — Nun zum Zeichen allgemeiner

Ver-

s) Nach der unglücklichen Schlacht bey Nördlingen fielen bis Kroaten in den fränkischen Kreis und zerstörten insbesondere die Bergleute in der Goldkronacher und Bernecker Revier.

f) Im Jahr 1631 wurde es von den beierischen Völkern eingeäschert; im Jahr 1692 verfiel es abermals in Asche, so wie auch im Jahr 1730, wo die Flammen beynahe die Hälfte des Städtchens verzehrten.

s) Eine gewöhnliche Benennung des Landmanns im Mittelalter.

v) Hannß von Waldenrode, dessen ich oben schon gedacht habe, und welchem als burggräflichem Amtmann die Weste zur Wohnung eingeräumt war, machte nach damaliger frommer Rittergewohnheit eine Reise ins gelobte Land, die er selbst beschrieben hat. (Siehe Großens Burg- und marggräfliche Raubhistorie. Seite 183.) Veit von Waldenrode, ebenfalls Amtmann zu Berneck, war zweymal zu Jerusalem und ließ nach seiner Zurückkunft verschiedene Ritterschulen seyen, und die weiter unten beschriebene Schloßkapelle bauen, Siehe auch Groß s. a. O. Seite 190.

C

Vergänglichkeit eine Stätte der einsam zirpenden Grille, der Molche *) oder der klagenden Nachteule.

Es ist dies die uralte Veste, welche, wie ich oben schon bemerkt habe, auch in Urkunden unter dem Namen des Hauses Perneck vorkommt. Sie hatte unter ihren Zugehörungen mehrere Warten, und zu ihrer Vertheidigung eigne Burgmänner *), Thürmer und Wächter *). Seit der Zeit, da sie von den Grafen von Orlamünd anfiel, war sie die beständige Wohnung des burggräflichen Amtmanns. Ihre Schicksale sind mit den oben erzählten des Amts Berneck überein; Sie wurde im Hussiten und im Baierischen Krieg zerstöhret, worauf sie zwar wieder gebauet wurde; da aber im Jahr 1501 der neugebaute Wallenrodische Burgstall, wie ich im folgenden Abschnitt erzählen werde, erkauft wurde: so bezog diesen der Amtmann zu Berneck und sie gieng nach und nach ein *). Indessen würde bey der ungemein festen Bauart derselben heut zu Tag noch mehr davon vorhanden seyn, wenn sie nicht im Albertinischen Krieg, wo man sich ihrer zur Vertheidigung bediente, durch die Bundesständischen Völker äusserst verdorben worden wäre.

V.
Der Burgstall *).

Am obern Theil des Schloßbergs liegt der sogenannte Burgstall. Die Ursache seiner Erbauung war wohl die bessere Sicherheit der Hauptveste; da man ihr zwar von vorne nicht, wohl aber von dem höhern Theil des Bergs beykommen konnte; um also von dieser Seite die Gefahr abzuwenden, sah' man sich gezwungen diese neue Burg noch anzulegen. Im Orlamün-

v) Es sind dies die sogenannten Feuer- und Landsalamander oder die Lacerta Salamandra, cauda tereti brevi, pedibus muticis, palmis tetradactylis, corpore poroso nudo des Linné. Man findet sie im Obergebürgischen Fürstenthum vorzüglich bey Berneck und Streitberg. Sie kommen nur bey nasser Witterung zum Vorschein, selten bey Sonnenschein und heißen Tagen; und findet man da welche, so sind sie meistens matt und entkräftet. Uebrigens kann man immer ohne Furcht vor ihnen den Berg besteigen, denn sie beißen und stechen nicht; wohl aber haben sie eine scharfe und ätzende Feuchtigkeit, vermittelst welcher sie auch ein kleines Kohlenfeuer ertragen können, denn sie sprizzen diese Feuchtigkeit von sich und überziehen gleichsam damit die Kohlen, wodurch sie auf einige Zeit verlöschen. — Daraus ist dann die Fabel entstanden, der Salamander lebe im Feuer.

x) Das Hirschbergische Geschlecht war anfänglich mit der Burghut zu Berneck belehnt; in der Folge aber erhielten sie die Herren von Waldenrode.

y) So heißt es z. B. in einer Urkunde vom Jahr 1406 „Wir (Burggraf Johann) oder unser Kastner an unser stat, sollen und wollen die vesten Berneck mit wachtern und turnern bewaren und mit long ausrichten ꝛc."

z) In dem Gebrechen und mengels ob aufrichtung des Landbuchs d. d. in der osterwochen 1536 heißt es schon: „Item das Alte Schloß zu Berneck nympt der bedachung halben grossen schaden — dergleichen die bedachung an der Cappellen bei dem Schloß.

a) Dieser ist von dem ganz alten Burgstall, welcher dem Schloßberg gegenüber an der Kirchleiten lag, zu unterscheiden.

münbischen Kaufbrief wirb schon mehrerer Warten, die zur Weste Berneck gehörig wären, gedacht, worunter wohl auch diese mit begriffen war. Im Huffiten und Baierischen Krieg mochte
sie sehr mitgenommen worden seyn, Churfürst Albrecht verließ daher im Jahr 1478 diesen
Burgstall an Weit von Wallenrode unter der Bedingung, daß er ihn wieder bauen und seine
Wohnung daselbst haben sollte *). Der Bau aber unterblieb eine zeitlang; denn im Jahr 1485
muste Sebastian von Seckendorf, Hauptmann auf dem Gebürg, Bericht erstatten, ob der
Burgstall wieder hergestellt sey? worauf dieser anzeigte, es stehe wohl die äussere Führung, aber
ohne Dach und Wehr *). Bald hernach wurde er von Weit von Waldenrode erbauet; allein er
starb darüber; seine hinterlassenen drey Töchter verkauften daher mit lehenherrlicher Einwilligung
im Jahr 1499 dieses Gebäude an Albrecht von Wirsberg Amtmann zu Stein um 1050
Gulden rheinischer Währung. Dieser baute es ganz aus, und überließ es nach zwey Jahren
„mit allen seinen gemewern, gemachen, Zwingern Greben vnnd so weit das vmbfangen hat,
„mit aller seiner Zugehorung vnd gerechtigkeit ꝛc." an den Herrn Marggraf Friedrich den Ael-
tern für die Kauffsumme von zwey Tausend Gulden rheinisch *).

Von dieser Zeit an erhielt es den Namen Hohen Berneck; umb wurde nun die Wohnung des herrschaftlichen Amtmanns, der, wie ich oben anmerkte, zeither in der alten Weste
seinen Sitz gehabt hatte. In dieser Absicht wurde es noch mehr verschönnert, ja so gar mit einer
eignen Wasserleitung, die man auf einem so hohen Felsenberg nicht suchen sollte, versehen *).
Allein theils die Unbequemlichkeit des Wegs, theils auch die darauf erfolgten verwüstenden Albertinischen Unruhen mochten wahrscheinlich die Ursache seyn, daß die herrschaftlichen Beamten
in der Folge ihre Wohnung unten in dem Städtchen nahmen. Es gieng daher, da es zu keinem
besondern Gebrauch mehr unterhalten wurde, nach und nach ein, so daß nur noch davon die
überaus dauerhaft gebaute Hauptwand des Schlosses nebst einem beträchtlichen Ueberrest der
herumgegangenen mit Thürmen versehen gewesenen Mauer stehet.

E 2　　　　　VI. Die

---

b) Den Lehenbrevers über diesen Burgstall findet
man unter den Beylagen Nr. V. Uebrigens wird aus
dieser und den folgenden Urkunden die Meinung des
Herrn Hund, welche er in Alberto Reichsunterschafts-
lichem Magazin, VII. Band, geäußert hat, bestätigt;
Er sagt nemlich daselbst Seite 392 daß die Burgställe
nicht so stark, wie die eigentlichen Schlösser bevestigt
gewesen seyen. Der verdiente Herr Consistorialrath
Cetter bekräftigt zwar im zehnten Band dieses Magazins
sich dahin zu erklären: daß er dieses nicht wohl glauben könnte. Da er aber theils keinen Grund angegeben hat, warum Er dieses nicht wohl glauben könne,
theils Ihn auch Herr Hund in dem nemlichen Band S.

421. trefflich widerlegt hat, so halte ich es für über-
flüßig mehr hierüber zu sagen.

c) Diesen Bericht, der viel erläuterndes enthält,
habe ich unter Beylage VI. mit angefügt.

d) Den Lehenbrief findet man unter den Beylagen
Nro. VII.

e) So heißt es z. B. in der Handlung des Land-
schreibers zu Berneck vom Jahr 1506: „Item des
„brunnen halbs der in das obere Glos getruben
„wird, ist nach folgender werß gehandelt. Item
„dem Costner ist daselbst besolbrn, das er dem
„Weymann von einer Roren nicht mehr dann v
„ff. zu lon soll geben ꝛc."

VI.

Die Capelle.

Zwischen der Veste und dem Burgstall liegt die Capelle, von der man gegenwärtig noch die ganze Führung sieht. Das Geschlecht der Waldenrode, welches sich durch ritterliche Tugenden sowohl als auch durch Frömmigkeit auszeichnete, hatte zwar schon zu Anfang des funfzehnten Jahrhunderts in der Pfarrkirche zu Berneck der heiligen Maria zu Ehren eine eigne Messe gestiftet [f]. Allein Veit von Waldenrode machte sich um Sie noch viel verdienter. Er mochte auf seinen zwey Reisen nach dem gelobten Land und auch sonst die Bemerkung gemacht haben, daß die Schönen gern allein glänzen. — Seine Eltern hatten die heilige Jungfrau mit dem heiligen Nicolaus, dem Patron der Pfarrkirche, in Rapport gesetzt. — Dies war bey allem ihren guten Willen doch etwas ungalant. — Er erbaute daher nach seiner Zurückkunft von Jerusalem, auf dem Schloßberg eine Capelle, wo man ihr besonders dienen konnte [g].

Seine drey Erbinnen handelten aber nach ganz entgegengesezten Grundsätzen. Sie behielten das Capital, für dessen jährliche Zinsen der heiligen Jungfrau zu Ehren in der Pfarrkirche sowohl, als auch in der neuerbauten Capelle, eine ewige Messe sollte gelesen werden, inne [h]. Wir können die eigentliche Ursache davon nicht angeben, weil sich die vorhandenen Urkunden hierüber nicht bestimmt erklären. — Rivalität mochte es wohl nicht seyn — auch würde der Gedanke daran, schon wahrer Hochverrath an dem ganzen schönen Geschlechte seyn. — Wir begnügen uns daher nur noch anzumerken, daß die Capelle, da keine Einkünste wofür eine ewige Messe gelesen werden konnte, mehr da waren, und auch die Zeiten der Reformation dazu kamen, nach und nach wieder verfiel.

Noch zu Anfang dieses Jahrhunderts war das ausgehauene Marienbild auf einem Stein, der über dem Eingang der Capelle hervorragte zu sehen, bis es einst bey einer trüben und finstern Nacht verschwand [i].

[f] Im Lehenbuch des Churfürsts Albrecht heißt es bey dem Jahr 1468. Dryt von Wallenrod hat empfangen das kirchenlehen uber die ewige Messe zu Berneck die sein eltern gestifft haben vnd yzo Herr Albrecht Ekk besitzt vnd Innen hat.

[g] Man ersieht dies noch aus folgender Inschrift, welche über dem Eingang in die Capelle in Stein eingehauen ist; nemlich: Da man zalt nach Christi geburt. M. cccc. lxxv. iar am. sanct. yorge. abent. durch. veit von walkenrod ist der. erst. steyn. an diese cappellen. gelegt.

[h] Der Landschreiber beklagt sich im Jahr 1536 darüber mit folgenden Worten. Item von den von Waldenrode sind zwo Meß gein Berneck gestifft.

ayne im Markte In der pfarrkirchen vnd die ander In dj Cappellen bej dem Schlos, dj hat die herrschaft Jm kauff des Schlos, mit erkaufft, vnd nach vermog des testaments bayder Schlens seliger (Weits von Wallenrode vnd seiner Hausfrau) so sollen die erben des von Wallenrod ein tausend guldenn zu der meß bej dem Schloß anlegen, dj haben sy Innen, aber druber dieselben mit angelegt, sondern sie pleiben gar dahinten vnd wirt erloschen, also das dieselbig Griffrung der Meß bey der Capellen nit geschehen wirdet.

[i] Vermuthlich geschah dieser Raub durch unbändige Personen von einem andern Glaubensbekenntniß, die ein Aergerniß nahmen, daß man zu Berneck für diese erhabene Vorbitterin so wenig Achtung hatte.

Bey=

Beylagen.

No. I.
Kaufbrief und Testament über die Herrschaft Plaffenberg ꝛc.
vom Jahr 1338.

Wir Otte von Gots gnaden. Graf von Oriamünde. Herre ze Plaffenberch. Veriehen vnd tun kunt offenlichen an difem brif. allen den. di in fehen oder hörent lefen. Daz wir mit gefamter hant. der Edeln. frawen kunigunden. vnferr liben wirtinn. vnd mit vnfers Rates rat. vnd lieplichen. vnd freuntlichen vereinet vnd befamnet haben. mit dem Edeln manne. Johanfen Burchgrafen ze Nürnberg. vnferm liben Oehelm. alfo. daz er vns gelihen hat. Vier taufent pfunt guter haller. di wir von im enpfangen haben. auf vnfer Stat kulmnach. auf daz Dorff Grafendabrach. auf daz Vorwerch Primstorff. auf di Ekker kuppeln genant. vnd auf alle di Gut. Gulte. vnd Nuße. di in dem Zolle ze kulmnach als verre der geraichet gelegen fint. Der Zol get von kulmnach biz an den künßenbach. vnd an den Bach der kulmna genant ift. an den kawerburger bach. vnd. an den Wallenden Brunnen. mit allem dem. vnd zu der vorgenanten Stat kulmnach vnd gegent in dem Zolle. als weit vor gefchriben ftet. gehöret. mit Dörffern. Mulen. Vorwerchen. Gerihtern. Rehten. Guten. Nüßen. Zinfen. Sterwen. Wifchwazzern. Holßern. Wifen. Ekkern. Holzhaber Gülte in der Stat. vnd da vor. wozzern. Weyden. ern vnd gewonheiten. befucht vnd vnbefucht. frei daz genant ift. Alle dem gedinge. daz er vnd fein Erben di vorgenanten Stat kulmnach. Gute vnd Gülte. mit allen rehten als vorgefchriben ftet. innehaben vnd nizen fullen. als lange vnz wir oder vnfer Erben difelbn Stat vnd Gut von in erledigen vnd erlöfen vmb di vorgefchribenn Vier taufent pfunt haller. Auch haben wir mit gefamter hant der Edeln frawen kunigunden. der egenanten vnferr liben Wirtinne. vnd mit wolbedachtem mut. alle vnfer Herfchaft vnd Gut. die wir haben. gewinnen vnd lazen. mitfamt den Vesten. Plaffenberch. kulmnach vnd Drebgaft. lande. leuten vnd Guten. fwi die genant fint. oder fwo fi gelegen fint. vnd alle di warte *) vnd reht. di wir haben zu der Vesten Berneff. vnd waz dar zu gehöret. befucht vnd vnbefucht. verfchaffet vnd vermachet. vnd verfchaffen vnd

E 3

verma-

---

a) Bedeutet nicht Kamertfchaft, fondern Warten d, z. fefte Orte.

vermachen. mit dlefem gegenwertigen brlf. dem egenannten Burchgrafen Johanfen. vnd
feinen Erben. Mit dem gedinge, ob wir an Ellch Sun verfüren. fo fol dl vorgenant Her-
fchafft Blaffenberch. mit lande. Weften. Stettn. Manfchaft. Gerihten. Geleiten. kirchfehen.
leuten. Dörfern. Rehten. Nühen. Guten vnd gewonheiten. fol dl genannt fine. oder fwo dl gelegen
fint. vnd auch dl vorgenant warte vnd reht je Perneff. als vorgefchriben ftet. dem vorgenanten Burchgrafen Johanfen vnd feinen Erben veruallen fein durchflehticlichen. Auch habn wir
mit namen auggenumen. daj wir von den vorgenanten Guten allen. als vorgefchriben ftet. wol verfchaffen mügen Zwei taufent pfunt haller. durch vnferr Sel heil willen. ober froem wir wöllen nach
vnferm tode. Wer auch. daj wir elich Töhter gewinnen. der fol fich der egenant Burchgraf
Johans oder fein Erben vnderwinden. vnd fullen dl beftatten. nach iren eren vnd trewen. vnd
als ir felbes kind. Auch ift gerebt worden. ob wir vor ehaffter not niht verfparen möhten.
wir muften vnferr gelten Gut ein teil verfehen oder verchaufen an dl vorbenanten Purge vnd Stet.
difelben Gut fullen wir anbieten den egenanten Burchgrafn Johanfen. ober fein Erben. vnd fullen
in die. nach Wier manne rat. der vnferr letwederr Zwen nemen fol. gebn je chauffen. ober verfehen. vnd daj fullen difelben Wier man vngeuerllchen darnach enden in einem Mohad. Wer
aber. daj dlfelben gut dem vorgenanten Burchgrafen Johanfen. ober feinen Erben. niht fugfam
wern jechaufen. ober dar auf jeleihen. So fol er. ober fein Erben. was beholfen fein gen
den. den wir dl Gut verfehen. ober verchaufen. an allej geuerbe. Mit namen ift auch getey-
binget. ob der egenant Burchgraf Johans ee fturbe dann wir. vnd daj wir Ellch Sun heten.
fo fullen vns. vnd vnfern Sünen. des vorbenanten Burchgrafen Johanfen Erben geben Dreu
taufent pfunt haller, Darumbe, daj fi daj felbe reht ju vnfern Sünen haben. daj der egenant
Burchgraf Johans. vnd fein Erben. ju vns vnferr Herfchaft. lande. Wefte. leuten vnd Guten.
befuchten. vnd vnbefuchten. gehabt hat. mit allen bunden. artikeln vnd rehten als vorgefchriben
ftet. Ift auch. daj wir Elich Sun lagen vnd daj dlefelben Sun anber Ellch Sün gewlnnen.
fo fullen vnfer Sün den anual der vorgefchribenn Herfchaft Pfaffenberch. mit allem dem vnd dar
ju gehöret. als vorgefchribn ftet. wlderchauffen vmbe des egenanten Burchgrafn Johanfen Erben
vmbe drew taufent pfunt haller. Vnd fullen dl vorgenanten Stat kulmnach. mit allem dem.
daj dar ju verfehet ift. als vorgefchriben ftet. auch wlderchauffen vmb Wier Taufent pfunt haller.
dl fi vns. vnd vnfern Erben. vormalns geben haben. Auch fol der vorgenant Burchgraf Johans.
ober fein Erben. vns. vnd vnferr Erben. leib. lande. Diner. leut vnd Gut befchirmen. verfprechen vnd beholfen fein gen allermenniglichen. als fich felber. vnd als fein Angenlich gut. an geuerde. Auch fullen wir. alle vnfer amptleut. Diner vnd Hinderfehen. minne vnd rehtes aller
menniglichen vor dem vorgenanten Burchgrafen. Johanfen. ober finen Erben. gehorfam fein.
Wer auch. daj zwifchn vnfern. vnd des egenanten Burchgrafn Johanfen. ober feiner Erben.
Dinern bejeln auflauff oder krieg gefcheh. von welherhande fache daj wer. des fol vns der vor-

genant

genant Burchgraf Johans. oder sein Erben. auf rehte vmvertzogenlichen tag bescheiden. vnd ein geilicher Rihter sein. also. daj wir letweder sit zwen Erberg man auf rechte nemen süllen. Vnd wer. daj vnser Diner clagtem. so süllen wir je dem fünften man einem Erbergn man von des egenanten Burchgrafen Johansen. oder seiner Erben. Diner nemen. Wer aber. daj des selbn Burchgrafn Johansen. oder seiner Erben. Diner clagtem hintz vnsern Dinern. so sol er. oder sein Erben. den fünften einen Erbergen man auj vnsern Dinern nemen. vnd swaj bi merern menig da ertehlt. des süllen si beiderseit gehorsam sein. Auch süllen alle vnser Ampteleut. bi vnserr Besten gewaltig sint. vnd alle vnser Diner. bi darju gehörent. oder bi ietzunt vnser Diner sint. oder noch vnser Diner werdent. ju den Heiligen swern. dem egenanten Burchgrafn Johansen. vnd seinen Erben. mit den Besten je Warten. als lange in allem dem rehten. Punden vnd artikeln. als an disem brif geschriben stet. Vnd des süllen auch bi Ampteleut dem vorgenanten Burchgrafn Johansen. vnd seinen Erben. auf bi Aybe. bi si gesworn haben. ir offenn brief gebn. Wer auch. daj wir derselben Amptman einen. oder mer absetzen wolten. so süllen wir vor vngeuerlichen einen andern als guten dar setzen. vnd derselbe sol auch ju den Heiligen swern. vnd des dem egenanten Burchgrafn Johansen. vnd seinen Erben. seinen offenn brif gebn. mit den Besten je warten in allem dem rehten. als vorgeschriben stet. Auch süllen wir. vnser Erben. vnd alle vnser ampteleut vnd diner. dem vorbenanten Burchgrafen Johansen. vnd seinen Erben. dinen vnd beholfen sein gen allermenniglichen, so wir beste mugen. an geuerde. Wir haben vns mit namen auch verbunden vnd versprochn gen dem vorgenanten Burchgrafn Johansen. vnd seinen Erben. daj wir mit der vorgenanten Herrschafft Blassenberch. mit allem dem vnd dar ju gehöret. als vorgeschribn stet. daj wir haben. gewunnen vnd lazen. furbaj gen nimant verfprechen süllen. daj in an der ob. geschriben geschüffte vnd teydinge dehein schad sei. daj wir gen dem egenanten Burchgrafa Johansen getan haben. vnd gen sinen Erben. Auch ist geredt worden. daj der vorgenant Burchgraf Johans. vnd sein Erben. an diesen vorgenanten teyding vnd gemecht weder Grafen Heinrichen von Herrnberch. noch anders nimant meinen sülle. denn sich selber vnd sein Erben. Ej enfol auch der egenant Burchgraf Johans noch sein Erben deheinen Amptman je kulmnach setzen. denn nach vnserm rat. Wer auch. daj wir vnd er. oder sein Erben. vns darumbe enesfugen. so süllen wir einen vordern auj seinen Dinern. der vns bederseit fugsam sei. den sol er darn je Amtman setzen. Wir habn auch besunderlichen aujgedinget. daj der egenant Burchgraf Johans vnd sein Erben alle Edel leut. bi ju der Herschafft gehörent. oder bi ir dinent oder noch ir diner furbaj werdent. süllen lazen beleiben in allem dem rehten. als sie von alter her kumen sint. Auch habn wir aujgedinget daj lantgeleit. daj wir daj in der Stat kulmnach nemen süllen ju vnserr Beste Plassenberg an hinternusse des egenanten Burchgrafn Johansen. vnd seiner erben. Vnd daj alle teyding. punde vnd Artikel. als si von

worte

worte ze worte hie geschriben stent. ganz. stet vnd vnterbrochen beleiben. des habn wir vnser
trewe gebn. vnd zu den Heiligen gesworn. diselben trewe zcbehalten... Mit Vrchünde dizes
briefs. der besigelt ist mit vnserm vnd vnser vorgenanten Frawe kunigunden liben wirtinn Jnsigeln. Vnd mit der Edeln manne ludwigs vnd Friberichs gebrüder Grafn ze Oetingen. vnd
mit lutzen von Hohenloh Jnsigeln. die vnser lieb Oeheim durch vnserr bet willen ze merer
gedechtnüsse zu vnserm vnd vnser liben Wirtinn Jnsigeln an disen brief gehenkt haben. Der
brief ist gebn an dem Palm. abend. Do man zalt von Christs geburte Drewzehenhundert iar
vnd in dem aht vnd dreizigstem iar.

No. II.

**Der Gräfinn Podica von Orlamünd Verzicht auf die Orte Berneck,
Trebgast, Nemmersdorf und Culmbach.**

vom Jahr 1341.

Wir Heinrich Graf von Ortenberch sazzen ze gericht ze lantshut an vnsers Herren stat
des Römischen kayser ludwigs Vnd tun kunt, daz für vns kom mit furfprechen der Veste
Ritter her Poste von Swerblez vnd zeygt einen brief mit des Hofgerichts Jnsigel der im
mit vrteil geben was, dar an stund daz im die Ersam fraw' fraw' Podika die Grefinn
von Orlamünd hern Possen Tohter von Schawnberg vor gericht auf geben het, die ansprach vnd recht die si het zu dem Edeln Herren, hern Johansen Burchgrafen ze Nurmberg vnd hinz fraw'n kungunden des lantgrafen Tohter von dem leutenberg, Grafen Otten
seligen von Orlamund Witiben ze gewinn' vnd verlüste vnd zu allem rechten vnd bat erwarn
an einer vrteil, ob er wol het wollen gewalt mit der selben sach vnd ansprach ze lazzen vnd
ze tun vnd fwaz er da mit tet mit der minn' oder mit dem rehten, ob daz billichen vnd ze
reht staet beliben soll vnd kraft han, daz wart im vor vns mit gesampter vrteil erteile, daz es
billichen staet beliben solt vnd kraft han. wan im voller gewalt vnd ganter vor gericht vnd
mit des gerichts briefen geben waer, Darnach verlah er vor gericht mit verdahtem mut die
vorgenanten her Johans der Burchgraf vnd fraw kungunt des lantgrafen Tohter heten sich
gütlich vnd liplich mit im verricht vmb die selben ansprach vnd recht, die fraw Podika die Gre-
sinn' von Orlamünd vnd er, von iren wegen, zu in gehabt het vmb daz haus Perneck,
Trebgast daz haus, Nedmerstorf daz haus, kulmnach die Stat vnd swazzu den selben
Guten allen gehört besucht vnd vnbesucht dar auf ir geben vnd gewiset was. funtzehenhundert ge-
schock grozzer Beheimischer pfennig für ir zuschatz, widerlegung vnd Morgengab, Vnd verzeih sich,
als mit vrteil erteilt wart, in des gerichts hant, für sich vnd die obgenanten frawen Podika vnd
alle ir Erben, aller der recht, die si oder er von irn wegen gen den egenanten hern Johansen,
dem

dem Burchgrafen vnd frawn küngunden vnd allen irn Erben biʒ her gehabt heten, vmb diʒ vorgeſchriben gut, alle vnd ſwaʒ dar zu gehört beſucht vnd vnbeſucht, vnd vmb den ſcha- den, des ſi des genomen het, alſo daʒ er noch ſi, oder ir Erben, noch niemant anders von irn wegen, zu den oftgenanten Burchgrafen vnd frawn küngunden vnd allen irn Erben vmb diʒ ſelben gut alle vnd ſwaʒ da zu gehört, noch vmb ir deheinez beſunder, noch vmb den ſcha- den nimmer mer kein anſprach, noch reht haben noch gewinnen ſullen, Des alles ze vrkund vnd merer ſtetikeit geben wie in mit vrteil diſen brif beſigelten mit des Hofgerichts Inſigel. Daʒ geſchah, do man zalt von kriſtus geburt Dreʒehenhundert Jar, in dem Zinen vnd Vierʒig- ſten Jar, des nehſten Sampʒtages nach ſant walpurg tag.

No. III.

Urkunde
worinn der Prinzeſſin Eliſabeth und nachherigen Gemahlinn des Burggrafen Friedrich zu Nürnberg die Veſten Plaſſenberg und Berneck zum Leibgeding verſchrieben werden.
Vom Jahr 1350.

Wir Johans von gotes gnaden Burgrafe ze Nürenberg. bekennen offenlichen an diſem brief. daʒ wir mit gutem rate vnſer Heimlicher vnd getrewen mit den Hochgeborn furſten herrn fridrich vnd Balthaſar lantgrafen ze Duringen vnd Margrafen ze Myſſen, vnſern lieben Swegern vmb die freuntſchaft. die zwizzen fridrich vnſerm Sone vnd Elyʒabeth irre Sweſter bei des Hochgeborn Herrn fridrichs irs Vaters gezeiten begriffen waʒ. gutlichen ober ein ſin komen in der weiſe, als hernach ſtet geſchriben. Die vorgenanten Margrafen. vnſer Sweger. ſullen irre egenanten Sweſter geheimſteuer geben zwei Tauſent Mark lötiges ſilbers Erfurtis gewichtes. der ſie vns vnd vnſerm vorgenanten Sone Teuſent von ſent Mertins tage der ſchirſt kumt ober ein Jar vnd die andern Teuſent Mark aber von dem ſelben ſent Mertins tage furbas ober ein Jar bezaln vnd geben ze Erfurt oder ze Gota. ane allerlei auffſchob vnd widerred. Vnd ſullen daʒ ſelb gelt ſicher geleiten gegen Swartzpurg oder gegen Lewenſtein. ane allen vnſern ſchaden. fur die obgenant zwei Tauſent Mark lötiges ſilbers haben ſie vns vnd vnſerm Sone zephanden geſatʒt ire Veſten Orlamund Haus vnd Stat. mit lantbetten. Statbeten. zinſen. gulden. Mul- len. Viſchweiden. ekkern. holtzern. Dorfern. wiſen. weinwachs. welden. wiltpan, vnd gemein- lichen mit allem dem daʒ darzu gehort. als ſie daʒ itzunt inne haben. Die ſelben Veſten ſol kri- ſtan von Witzleiben Titzel ſein Son ir Amptleut von vnſer vnd vnſers Sones wegen innehaben. vnd. die ſelb veſt ſol vnſern vorgenanten Sweger vnd irer bruder Offen ſein die vorgenanten

3   zwei

zwei Jar zu allen iren Nöten. also baz sie bar auz vnd bar in kriegen mögen in der zeit wen. sie wollen.   Es ist auch geret, wer. baz sie die obgenanten zwei Tausent Mark von dem M er eins tag der schirst komt ober zwei Jar nicht bezalten.   So sol der Egenant kristan ober sein. Sone. ob er von todes wegen abginge. vns. vnserm sone. die selben vesten. mit allen iren zuge. hornden. bar nach zehant inantwurten, wen' wir des an im begern. ane allirlei argelist vnd wi. derred.   Vnd in ber selben zeit Sullen die obgenanten Erweger vnd wir ban selben kristan nach. fein Son von der votey der egenanten Vesten nich entsetzen. ober nach der zeit mo'gen wir die entsetzen vnd ander Ampt leut dahin setzen wie vns baz allerbest gefellet.   Bei namen ist es auch. geret. baz die bik genanten vnser Erweger, ire bruder ober irz Erben. die obgenanten ire Vesten fur zwei teusent Mark losen mo'gen wen' sie wollen.   Es ist auch geret. Daz Ziezel von Wize. leiben vns vnd vnserm sone mit dem Haus zu der Wizzenburg gewarten vnd zu gebote sten sol geleicher weiz als vnsern Erwegern selber.   Wolten auch wir ober vnser Son nach den vorge. nanten zwein Jaren die selben Vesten wizzenburg losen.   Hz mo'gen wir tun wan' wir' wollen. Vnd der selb Ziezel sol vns die fur Hundert schok breiter groffen. ane allirlei widerred zelosen ge. ben. die selben Hundert schok sullen vnser Erweger vns vnd vnserm Sone wit ben obgenanten zweien Tausent Marken widergeben. wen' sie. ire vesten von vns losen.   Auch sullen sie alle lehen. geistliche vnd werltliche. die vorgenanten zwei Jar selber lihen.   Dar nach sullen wir die lihen. die weile sie ire vesten von vns nicht losen.   Waz wir auch gutes. baz in der herschaft zu Orlamund gelegen were. wiberlosen. ober kauften. baz wir mit dem gute. vnd mit biderben leuten kuntlichen beweisen mo'gen. wie vil des wirt. baz sullen sie vns auch widergeben. wen' sie ire vesten von vns losen.   Auch ist bei namen geteidinget. baz wir vnd fridrich vnser Son Elyzabethen. seiner elichen wirtein. zwei teusent Mark loteges silbers Erfurtischs gewichtes zu leipgedinge. vnd teusent Mark zu Morgengabe geben sullen fur die selben drey teusent Mark. der sie teusent Mark wenden mak. woe sie wil. vnd fur zwei teusent. die ire vorgenanten bruder Ir zuhelmsteuer geben. ab sie die bezalen sullen. der selben Elyzabethen leipgedinge sein die vesten Blassenberch. kulmnach. vnd Bernek. mit lantpete. Statpete. zinsen. gulten. Mulen. Dorfern. Akkern. Wiserei vnd gemeinlichen mit allen rechten eren vnd nützen, die dar zu geho. ren. als wir die izunt inne haben. vnd als sie von dem von Orlamund an vns komen sein. Vnd alle leute beib ritter knecht burger vnd wie sie genant sein, die in ben selben vesten gesezzen sin vnd dar zu gehoren.   Sullen der obgenanten Elyzabe. then vnser Snvr hulden zu irme liepgebinge vnd ben vorgenanten funf Teusent Marken. als baz gewonlichen ist.   So sullen die gestrengen. fridrich Nankenreuter Ritter, vnd Chunrad Pybrach. vnser lieben getrewen Ampt leut der vorgenanten vesten. der Obgenanten Elyzabe. then vnserer Snvr. iren brudern. ober wen sie zu vormvnde keuset. globen in guten trewen vnd verbriesen. baz sie die vorgenanten vesten. mit allen iren zugehorungen. lr. ire bruder, einem.

ober

ober wen fie ju vormunb krufet. nach fribrich vnfers fons tod inantwurten fullen. ane allirlei hin-
ternvyse. argeliſt vnd wiberred. So mag die felb Elyzabeth. ire bruber ober wer ir vermvnd
wirt. dohin ju Ampteleuten fetzen wen fie wollen. Wer auch baz vnfer oftgenannten Sweger bie
obgenanten zwei Teufent Mark. ba fur fie vns Orlaumunb gefazt haben. bei zweien' Jaren nicht
bezalen.· als vor gefchriben ſtet. So fol barnach bie felb Weſt vnfer vnfers Svns vnd vnfer oft
genanten Erb'ren. bie bes felben geltes bar auf warten fol. auch ju einem leipgedinge phant fein
als lang'. baz bie obgenanten zwei Teufent Mark genßlichen bezalt werben. Gewünnen auch bie
obgenanten vnfer Svn vnd fein wirtein Erben mit einanber. fo fullen bie egenanten vir taufent
Mark. bie ir leipgebinge fin. auf bie felben ir erben nach irem tobe gefallen. Gefche auch. baz
bie vorgenanten Ampteleut. ju kulmnach vnd ju Bernek. beib ober ir ein abginge von
tobes ober von gefenknvsse wegen. ober abgefazt wurben. So fullen bie Ampteleut. bie wir ab-
fetzen wollen. kein anbern an ire ſtat lazzen komen, er ab bann' in guten trewen vor globt vnb
verbriefet. baz er es ba mit haite als vor ſtet gefchriben. vnb als Jener folt getan haben. Sturb
aber ber vorgenanten Ampteleut einer ober fie beib. So fullen wir vnd vnfer Svn kein anbern
Ampteleut ju ben obgenanten Weſten fetzen noch bar ju komen lazzen. er hab auch vor in guten
trewen gelobt vnb verbriefet. bie vorgefchriben ſtuke ſtete vnb veſt jehalten. Wen auch vnfer
Svn vnd Elyzabeht fein wirtein vorgenant Nu anblrtwolz bei einanber gelegen. fo fullen alle
gelt beiberfeit fein verfallen gar vnd genßlichen ane geuerb. Sturb aber ir ein. baz got nicht
enwolle. er fie nv anbertwek bie einanber gelegen. So fullen alle teibinge gar vnb genßlichen
ab ſtein.' vnb je male tot. Vnd fie fullen vns vnb wir in nichtes fein verbunten. Vnb baz
wir alle bife vorgefchriben ſtuke vnb Artikel vnb ir ißlichen befunbern ganß vub ſtete fullen
vnb wellen halten. Haben wir beiberfeit in guten trewen globt. ane alles geuerb vnb argeliſt.
Vnd haben auch bes ju vrkunb vnb merern Weſtung' Vnfer Jnfigel an bifen Offen brief gehangen. Der geben iſt je Jene. an bem binſtag vor Egibij. Nach kriſtvs geburt. brevzenhunbert
Jar vnb in bem fonfzegeſten Jare.

No. IIII.

U r k u n b e

worinn Burggraf Friedrich feiner Gemahlinn Elifabeth bie Veſte
Plaſſenberg unb Bernek nochmals als ihr Leibgebing unb
Witthum verſichert. Vom Jahr 1357.

Wir friberich von gotes gnaben Burggrave ju Nurmberg bekennen vnb tün kunt Offenlichen mit bifem bri'f allen ben, bie in fehent, lefent ober horent lefen, wann' v'mb fölche
fründfchaft vnb einung, bie vor langenſt bey vnfers vater feligen zeiten mit trybingen zwifchen

ȝ 2   ben den wolgeborn fürsten, den Maregrauen von Meychsen vnsern lieben Swegern vnd demselben vnserm vater seligen, vmb der Edeln Elijabethen derselben maregrauen vnser swoeger swefter, vnser lieben hauffrawn ellichew besammung da mit teydingen freundlichen begriffen sein, als auch wir von gotes gnaden noch fründlicher mit elicher verrpnung vnd vermischang zwuschen derselben Elijabethen vnser hauffrawn vnd vnser geneplich volendet vnd volbracht ist, darumb ist wol billich vnd müglich, daz wir alle teyding, die zwuschen den vorgenanten vnsern Swegern vnd vnserm vater seligen, von derselben vnser elichen besammung wegen geschehen sein, seyt wir selber zu vnser herschaft komen vnd herr' worden sein, stet halten vnd volfüren, vnd auch mit vnsern bri'fen bestetigen, dauon bekennen wir Offenlichen, daz wir der selben Elijabethen vnser lieben hauffrawn gegeben haben vnd beweyset zu morgengabe Tausent marx lotiges silbers, vnd darzu zwey Tusent marx zu widerlegung irer heymsteur, So sein wir auch von jren wegen gewert vnd bericht auch zwey Tusent marx alles lotiges silbers vnd erstfurtisches gewichtes, Dieselben fünff Tausent marx silbers alle beweysen vnd bestetigen wir der selben Elijabethen vnser ellichen hauffraw'n vf vnser herschaft vnd Westen plaffenberg, Bernek vnd vf kulmach, der Stat in aller weyse vnd mazze, als vnser voter seliger derselben vnser hauffrawn die obgeschriben funf tausent marx vf demselben vesten vnd flat mit allen jren zugehörungen beweyst vnd verschriben hat, vnd auch nach der bri'fe laute, die er ir darv'bre hat geben, also wellen vnd wöllen wir vnd verbinden auch vns vnd vnser erben mit disem bri'fe, ob daz wer, daz die vorgenant vnser liebe hauffraw vns v'berlebet, wann' wir danne also nicht enweren, da got lang vor sey, So sol sie dis obgenant herschaft vnd veste ze plaffenberg, die Stat zu kulmach, die veste vnd Stat zu Bernek mit allen andern Westen, flozzen vnd lüten, edeln and vnedeln mit allen dem vnd darzu gehort, Es sey an gülten, gelten, zinsen, stewern, zollen vnd geleyten, welden vnd wiltpann', herscheften, ezen, rechten, Nuczen, freyhayten vnd gewonheyten, gerichten vnd vellen an wazzern, wazzerfluzzen, an beschwoyden, dorffern vnd Dorfgerichten, mulen vnd mulstetin, Ekkern, wysen, rounn' vnd weyden, Vnd auch mit allen dem daz darzu gehort, besucht vnd vnbesucht, wie daz genant vnd wo daz gelegen ist, mit aller Reynung vnd vnterscheide, als daz alles vnserm vater seligen vnd vns von genannten Otten von Orlamünde seligen an geuallen vnd worden ist, Vnd auch bey des selben von Orlamünde zeyten vnd auch bey vns hernach von der herschaft zu Bayreut mit reynung entscheiden vnd gefundert waz, inne haben vnd niezzen, besetzen vnd entsetzen nach allem irem willen vnd notdurft, für die selben funf Tausent marx silbers zu einem rechten leipgedinge dieweil sie lebe, ausgenemen allein, daz sie dauon nichtes verkaufen, verfetzen, verkümmern noch enpfremden sol, Auch mag vnd sol die obgenant vnser hauffraw also nach vnserm Tode zu vormunde vnd ze pfleger nemen vnd kyesen ir vnd irer Weste, Stete, land vnd lüte, wen sie

wil,

wil, doch alfo, daß diefelbe herrfchaft, ftete vnd Weften, land vnd lüte von vnferm erben vnd
von der herrfchaft zu Nurmberg nach irem tode nicht enpfrembdt werde, wanne got vber fie
gebewtet vnd er nicht mer ift, da got lang vor fey, fo fchol die felb herrfchaft, Weften vnd
ftete plaffenberg, kulmach vnd Berneck mit allen iren zugehörungen an vnfer erben vnd an die
herrfchaft zu Nurmberg wider erben vnd gewallen on alle hinderniffe vnd irrung, doch fol vnd
mag fie bey iren lebendigen zeiten oder nach irem Tode die obgefchriben Tufent mark filbers ir
morgengabe, geben, fchiken vnd vermachen, wem fie wil, vf der oft genanten herrfchaft zu
plaffenberg, Weften vnd ft_eten, Vnd vmb diefelben Tufent mark fullen dann' vnfer erben nach
irem Tode diefelben herrfchaft, veften vnd flet ledigen vnd löfen, ob fie fi alfo verfchiket vnd vermacht on alle arglift on gewerde von den, da fi fie dann' alfo hin gefchiket vnd vermacht hat,
Vnd daß die vorgefchriben ftuke, pünde vnd artikel, gefchefte vnd vermechte flet, gancz vnd
vnczebrochen beleibe vnd auch gehalten werde, geben wir diefen brief verfigelten mit vnferm
groczen anhangendem Infigel, Der geben ift an fant Elizabethen abent do man zalt von Kri-
ftus gebürt dreyzehenhundert iar vnd in dem fiben vnd fünffczigftem Jare.

No. V.

**Lehenreverß Veits von Waldenrode über die erhaltene Belehnung
mit dem Burgftall auf dem Ruck ob Berneck. vom Jahr 1478.**

Ich veit von Walnrod der zeit ambtman zu Berneck Bekenn vnd thue kunt offenlich
mit difem brieff als mir der Durchleuchtig Hochgeborn furft vnd herr, herr Albrecht Marggraf
zu Brandenburg Curfurfte ꝛc. mein gnediger Herr von befunder gnaden, wegen das Burgftal
vff dem Ruck ob Berneck gegen dem Stein wart gelegen das feiner gnaden gewefl
ift, gnediglich zu lehen gelyhenn hat In laut feiner gnaden lehen brieff mir daruber gegebenn
das ich auch alfo von feinen gnaden empfangen vnd mich begeben han daffelb burgftal mit
einem burcklichen paw vffzurichten vnd zu pawen vnd das auch ich vnd alle mein
erben dem gnanten meinem gnedigen Herrn feiner gnaden erben In dem gemelten lehen In alle
weg Ir öffnung zu allen Iren fachen vnd gefchefftenn, So offt fie des notturfftig werden, geben
gonnen vnd geftatten follen vnd wollen mit empfahung deffelben lehens wie fich dann nach Inn-
halt feiner gnaden lehenbrieff mir daruber gegeben, So offt es zu fchulden kombt vnd not ift,
geputen wurdet, daruber ich dann feinen gnaden lehens pflicht globt vnd gefchworen hann, Nemlich alfo das ich demfelben meinem gnedigen herrn Marggrave Albrechten zuvordetft vnd feiner
gnaden erben vnd furftenthumb getrew vnd gewer fein Iren fchaden warnen Iren fromen fur-
dern vnd alles das zu thun verpflicht fein vnd thun will, das ein getrewer lehenmann feinem lehen
herrn der lehen vnd offnung halben wie obenftet zurhund fchuldig vnd pflichtig ift, Alles ge-

B 3 trewlich

trewlich vnd on alles geuerde des zu Vrkund gib ich seinen gnaden bisen. Reuers brief mit meinem aufhangenden Innsigel versigelt, der geben ist am montag Sand thomas deß heiligen bischoffs tag In den Weyhenachten, Anno x. lxxviij.

No. VI.
Bericht wegen des Burgstalls zu Berneck, vom Jahr 1485.

Gnedigster herr alls mir ewer gnad schreiben hat lassen herr veiten von wallenrods Slos halben, ewer gnad wissen zu lassen ob es gebaut sey angerelt vnnd zu behalten sey on einleger *), kan ich nit anders antworten dann wie uor vmb ewer gnad des grunds eigentlich berichten. Es leit hinter Berneck dem slos hinauf an einem hohen berg vnnd hat kein wasser kein dach kein ingepeu kein were zugericht, dann es steet do ein viereckets gemeur ist zweier gaden hoch gemauert, vnnd ist bei ir schuch lang vnd bej si über zwerch darauf ichs anslag so mag man hinten vnnd fornen darzu komen, Aber auff den zweien seiten nit wol, do ist der berg zu schmal, darnachs leut einnemen vnnd besetzen wolten, darnach ist es vest. Herr sebasstian von wallenrod Ritter sein vetter vesteet sich vielleicht mer vmb den paw dann herr wilhelm von lenterßheim vnnd ich. Er sagt er glaub, er wolt ein pfenning nemen vnd wolt ewern gnaden dafür sprechen das sies nit einnemen wann es schon in einem offnen krieg were, Sie wolten dann einen besondern haß oder neid zu herr veiten haben das sie das zuprechen, es sey Ine sonst lauter nichs nütz vnnd glaub mer, es liegt ein capellein zwischen ewer gnaden slos vnnd den zarchen *), sie nemen dasselbig eer ein do weren sie doch drucken Innen vnnd hetten ein thür danior. Es steet aber in ewer gnaden gefallen das zu besetzen oder allso steen zu lassen, wo sie aber die oberhänt gewonnen das got wende vnd ich nit glaub vnnd fur Berneck ziehen wolten fur das slos mochten sies gar wol einnemen auff dem berg haben hundert oder zwaihundert bald ein ding gemacht nachdem sies holtz an der hant haben das sie sicher do legen gleich alls wol alls in der kemmaten, dann wollen sie fur ein slos ziehen vnnd das mit macht gewynnen das got wende, sie ziehen lieber fur ein anders slos dann fur das. Es soll mir aber ewer gnad nit fur übel haben, ich wolt mich lieber finden lassen in dem vntern slos ewer gnaden denn dort oben alls es noch steet vnnd zugericht ist will es aber ewer gnad haben, so will ich gern wilhelmen schlirntinger herr hanns von Tannberg vnnd herr Sittich von zedwitz der einen oder sie all welchen ewer gnad will darzu furen vnnd sehen lassen was ewern gnaden zu thon oder zu lassen sej, dann wie versteen es noch nit annders vnnd bessers das wisse got. Dann wir sehen ye nit gern das ewern gnaden schad wiberfaren solt, so werden wirs herr veiten freuntschaft halben nit schuldig, dann wer

es

---

a) Besatzung.

b) Burgstall, eigentlich bedeutet das Wort Zarch etwas eingeschlossenes, mit Maurn vmgebenes.

es mehr alls es herr velten ist, so hett ich kein lauter kein sorg nit das sie es einnemen ich weßt auch nit warzu ins nüg were, vnnd kan auch nit versteen das ewern gnaden schaden darauß ent-
steen mocht wann sie es schon Innen hetten, vnnd ist herr sebastians vnnd herr wilhelms mey-
nung, wie meine vnnd woll ewer gnad mein schreiben vnnd vnterrichtigung in gnaden vermercken.
Datum am dinstag, vor Michaelis Anno rc, lrrrv.

Sebastian von sackendorff nolt, haubtmon auff dem gebirg.

Zedula

Gnedigster herr man kan auch nit faren oder reiten in herrn velten gepew. Datum ut supra.

An mein gnedigen herrn Marggrave Albrechten zu Brandenburg Churfürsten rc.

No. VII.

Kauffbrieff über das neuerbaute Schloß zu Berneck, Neuwaldenrode genannt, vom Jahr 1501.

Ich Albrecht von Wirsberg, der Zeit Ambtmann zum Stein. Alls ich in vergan-
gen jaren das Sloss Newenwalgurabe mit seiner Zugehorung soweit dasselb vmbfangen
hat vnd herr Velten von Wallenrode, Ritters gelassen tochter vnd derselben Mawer erkaufft, vnnd
dasselben kauff allspalden dem durchleuchtigen Hochgebornen Fursten vnd Herrn Herrn Frlede-
richen Marggrauen zu Brandenburg zu Stettin, Pomern rc. Hertzogen, Burggrauen zu
Nürnberg, vnd Fürsten zu Rugen meinem gnedigen Herrn, vnd seiner gnaden erben gestellt.
Als Ich auch anfangs denselben seinen gnaden zu gut getan han vnd wie wol ich dasselb Sloss
mit seiner gnaden willen vnd wissen bej dem darien jarn inngehabt, vnnd als fur mich selbst gebraucht han, Es hat sich doch sein furstlich gnad aus gnedigem Willen mie mir deshalb gnedigklich vertragen, das ich seinen gnaden billichen zu vnterrmigkeit dankbar bin. Bekenne darumb offentlich mit dem brieue gein, jedermanniglichen fur mich alle mein erben Erbnemenn vnd
Nachkommenn, das ich darauf dem genanten meinen gnedigen Herren Marggraf Friederichen zu
Brandenburg rc. seiner gnaden erben vnd Furstenthumb das egemelt Slos das bis her Newen-
wallenrod genant ist ob dem Sloss vnd Stat Bernegk gelegen, dem itzo gegenwertiglichen
durch sein gnade Ein ander Namen hinfuro die Hohen Bernegk zu nennen geben vnd mit
seiner gnaden Ritterschafft also beschlossen ist, mit allen seinen gemewern, gemachen, Zwingern, Greben vnd so weit das vmbfangen hat mit aller seiner Zugehorung vnd gerechtigkeit
auch sunderlichen mit der Capellen darunter gelegen zusambt der zugeborenden
gerechtigkeit der ewigen Meß darein gestifft wolberechtlich frey williglich mit gutem willen vnd wissen in rechter kauffs weis dasselb wider zukauffen geben vnd sein gnad an
mein stat treten lassen han, gib auch solchs alles seinen gnaden zu kauffen inn der allerpesten
form vnd weis wie sich das inn vnd ausserhalb rechtens allerbest fugt, Crafft hat, haben soll

kan

kan oder mag jn vnd mit Crafft bits brieffs, wie ich dann das alles von Herrn Velten von Wallenrode Ritters seligen gelaffen tochtern vnd jrenn Mennern fur dreyzehenthalbhundert gulden Reinisch gekaufft vnd an mich pracht, auch von seinen gnaben die zeit zu lehen gehabt, Alles jn laut eins kaufsbriefs von mir daruber empfangenn, den ich seinen gnaben hiemic auch vberantwort han. Vnd kombt zu rechten kauf fur vnd vmb zway Tausent gulden Reinisch, der mir sein gnad Sechshundert also par vnd berait bezalt vnnd die vbrigen vierzehennhundert gulden durch einen schuldbrieff genzlich zu vnterteniger Dankperkeit vergnugt hat, Darumb ich sein gnad vnnd seiner gnaben erben, fur mich vnd mein erbenn darauf solchs kaufgelts genzlich vnd gar quit ledig vnd loß gesagt hab, Sag auch sein gnabe vnd seiner gnaben erben der ledig mit vnnd jn Crafft bits brieffe, Vnd nachdem solche kauffsumma so mir sein gnabe gnedigklich vergnugt hat, die kauffsumma darumb ich es hieuor an mich pracht han jn Achthalbhundert gulden vbertrifft hat mir sein gnad solch Achthalbhundert gulden fur mein gepew, die ich dann bisweil ich solch Sloss jnngehabt dar jnn getan hab, Auch fur mein Cofftung vnd enthaltung des Sloss, vnd was es mich bißher gestanden hat, nichts ausgenomen gelegt vnd gnedigklich zu vntertenigklichem Dank vergnugt vnd darauf so bin ich seinen furstlichen gnaben egemelts Sloss mit seiner Zugehorung fur mich vnd alle mein erben frey ledigklich abgetreten vnd sein gnad des alles vnd jglichs jnn stille leibliche nuzliche geruige gewere vnd gwalt eingesezt, Tritte seinen gnaden des abe vnd sez sein gnad des ein jn vnd mit Crafft bits briefs das vorgemelt Sloss mit angezeigten Zugehorungen vnd gerechtigkeiten furbas jnnzuhaben zu nutzen zu nissen zugebrauchen vnd bomit zu tun vnd zu lassen Als mit andern seiner gnaben Slossen vnd gutern an jrunig vnd eintrag mein meiner erbenn vnd menniglichs, Were auch sein furstlich gnad vnd seiner gnaben erbenn fur mich vnd alle mein erben solchs Sloss mit aller seiner zugehorung vnd gerechtigkeit wie obgemelt ist, anderswoe onuersezt onuerkaufft onuerkomert vnnd ganz vnanspruchig wie Werschafft recht vnd gewohnheit ist. Ob es aber anspruchig wurd jn Zeit der Werschafft So gerede vnd verspri[ch] ich fur mich vnd alle mein erben, mit gutem rechten vnd waren treuen jr gnad bes zuuertreten ganz frey ausrichtung zumachen on all jrer gnaden schaben vnd genncklich on alles geuerde zu vrkunde han ich mein aigen Innsigill an bisen briue gehangen vnd barzu mit vieis gebeten die Erbarn vnd vesten Criftoffen von Wirsperg zu Lanzendorff vnd Criftoffen von Giech zu Puchaw mein lieb vetter vnd Oheim, das sie jre innsigill zu bem meinen zu gezeugtnis, auch an bisen briue gehangen haben Solcher Sigillung wie iz benannten Criftoff von Wirsperg vnd Criftoff von Giech von Albrech[t] von Wirspergs vnsers vettern vnd ohelms bete wegen also geschen bekennen boch vns vnd vnsern erben on schaden, Geben vnd Geschen am Montag nach sanndt Egibientag Crifti vnsers lieben Herren gebuct Funfzehenhundert vnd Ein Jare.

Verbesserungen und Druckfehler.

Seite 4 Zeile 15 statt Gebürgorödern lies Gebirgorödern.
— — — 23 statt Gebürg lies Gebirg u. s. f.
— 5 — 28 nach welchem setze so.
— 7 Note k) statt beschwur lies beschwor.
— 8 Note l) Zeile 12 statt Wesern lies Wesra.
— — — — Zeile 23 statt oder lies ingleichen.
— 9 zu Ende der Note t) statt Septentrionalis lies Septemtrionales.
— — Ebendaselbst statt καν' ἔξοκὲν lies καν' ἐξοχὴν.
— — ist der letzte Absatz der Note v) wegzustreichen,
— 11 Note o) statt Elster lies Eyster.
— — Note f) statt Rosser lies Rossar.
— 12 Zeile 4 statt feyerlich lies feierlich.
— — Note h) vor Eiche setze hohen.
— 14 Note s) statt Der Ort lies Den Ort.
— 15 Zeile 19 nach welchem ist sie wegzustreichen.
— 19 — 14 nach Italienischen Kreises setze man und der angränzenden Lande,
— 25 — 13 statt vier hundert Pfund lies vier tausend Pfund,
— 26 — 10 — Burggrafs lies Burggrafen.
— 31 — 20 nach welcher ist zwar wegzustreichen.
— 35 — 7 statt verschwurt lies verschwert,
— 36 Note h) Zeile 11 statt wie lies die.
— 43 Zeile 19 statt es lies es,

Note. Die Uebersicht wird gleich nach der Vorrede gebunden.

Hinten haben, und auch die Prospecte dieser Gegenden schon gezeichnet sind. In der Folge werden wir uns bemühen noch mehrere aus den übrigen Theilen des Fränkischen Kreises zu erhalten.

Die Abhandlung über Berneck übergeben wir hiermit dem Publicum als den Anfang dieser Sammlung, mit der Nachricht, daß wir in Zukunft, je nachdem es die Gegenstände mit sich bringen, größere Kupfer beyfügen werden. Wirklich erscheint auch nächstens ein größeres in Aberlischer Manier illuminirtes Blatt über Berneck, von der Hand des sehr geschickten Zeichners, Herrn Landschafts-Registrators Zehelein, welcher auch verschiedene der erst genannten Gegenden aufgenommen hat. Dieses Blatt wird apart ausgegeben, und gewiß den Beyfall der Kunstkenner erhalten.

Uebrigens wird die baldige Herausgabe der folgenden Hefte von der gütigen Aufnahme des ersten abhängen, wobey wir noch bemerken, daß jedes Heft auch besonders ausgegeben wird, und Käufer des ersten nicht an die Abnahme der folgenden gebunden sind. Bayreuth, den 12. April 1790.

Johann Andreas Lübecks Erben
Hofbuchhandlung.

Zel-

Folgende Bücher sind in unserm Verlag kürzlich herausgekommen:

Henze, J. G., Versuch über die ältere Geschichte des Fränkischen Kreises, 1stes Stück, 8. 1788.
    8 gr. oder 30 kr.

Magazin, historisches, für die Brandenburg-Bayreuthische Geschichte, herausgegeben von C. L. Herr, 1stes, 2tes, 3tes Stück, 8. 1789 und 1790. Subscriptionspreis à 30 kr. einzeln das Stück 12 gr. oder 45 kr.

Meusels, J. G., historisch-litterarisches Magazin, 4 Theile, gr. 8. 1785—87 à 12 gr. oder 45 kr. 2 Rthl.

Ebend. litterarische Annalen der Geschichtkunde, 8 Stücke, gr. 8. 1785—87 à 6 gr. oder 24 kr. 2 Rthl.

Baurlebels, D. K. A., theoretisch-practischer Commentar über die Pandecten nach Anleitung des Hellfeldischen Lehrbuchs, 2 Bande, gr. 8. 1789 jeder Theil 1 Rthl. 12 gr. 3 Rthl. 12 gr. 30 kr.

Ebendasselbe in gross 4. mit breiten Rand auf Schreibpapier, 6 Rthl. oder 9 fl.

Novellen, von C. A. Eribel, 1stes Bändchen, 8. 1789 16 gr. oder 1 fl.

Ebend. 2tes Bändchen, 8. 1790 16 gr. oder 1 fl.

Archenholz, Iob. Gull. de, Historia belli Septennis, in Germania, ab A. MDCCLVI ad A. MDCCLXIII. gesti. Latine vertit et tabulam belli chronologicam adiecit H. G. Reichardus, 8. 1790 ordin. Papier 20 gr. Weis Pap. 1 Rthl.

Walthers, Fr. D. L., Erdbeschreibung des freundschaftlichen Inselmeers in Südindien oder des fünften Welttheils, 8. 1786 16 gr. oder 1 fl.

Ebend. vom Feld- oder Ackerbau für Gutsbesitzer, Cameralisten, Polizeybeamten, Richter, Gerichtsverwalter, Landwirthe, Bauern x. 8. 1785 8 gr. oder 30 kr.

Ebend. die vorzüalichsten in- und ausländischen Holzarten, nach ihrem verschiedenen Gebrauche in der Hauswirthschaft, Landwirthschaft, bey Gewerben und in Officinen, mit ihren deutschen, lateinischen, engl. und französischen Namen und einer vollständigen Nutzungstabelle, 8. 1790 12 gr. oder 45 kr.

Ueber die Reise des Zürcher Brewtopfes nach Strasburg im Jahr 1576, 8. 1787 10 gr. oder 40 kr.

Schule, nützliche und angenehme, zum ersten Unterricht für Stadt- und Landkinder, 8. 1790 10 gr. oder 40 kr.

Drackenborchii, Arn., de praefectis urbis libellus, cur. I. C. Kappius, 8. 1789 4 gr. oder 15 kr.